suhrkamp taschenbuch 403

In seiner Einleitung zu den *Gesammelten Werken* von Marieluise Fleißer schreibt Günther Rühle: »Es fällt nicht schwer, vom *Fegefeuer* her
die Fleißer in Beziehung zu Barlach oder der Lasker-Schüler zu setzen... Auch in ihren Dramen ist die erkennbare, ortbare Provinz das
Thema, sind ihre eingeschränkten und verrenkten Menschen Gegenstand der Betrachtung: überall ist der Durchblick in irrationale Hinter-
gründe offen... Die Fleißer hatte weder persönliche noch literarische
Kontakte mit beiden. Doch gehört es zur literarischen Typologie der
zwanziger Jahre, daß an der Wupper, in Güstrow und in Ingolstadt un-
abhängig voneinander entstandene magische Bilder der provinziellen
Enge sichtbar werden; es sind selbständige, ihrer Funktion unbewußte
Gegenbilder gegen eine Literatur, die ihre neuen Stoffe, Personen und
Stile immer bewußter aus der Großstadt, und das heißt vor allem aus
der Hauptstadt, aus Berlin entnimmt.« Bertolt Brecht war es, der die
Uraufführung von *Fegefeuer in Ingolstadt* 1926 in Berlin veranlaßte,
und er war es, der Marieluise Fleißer zum Schreiben der *Pioniere in Ingolstadt* aufforderte. Hier fand er, so schreibt Günther Rühle, »die
kurze, pointierte, menschlich und thematisch durchgearbeitete, immer
auf eine soziale Situation verweisende, im Grundzug naiv angelegte
Szene; die Verbindung von Wirklichkeit und Poesie, das Zurücktreten
von Handlung zugunsten der sinnlichen und sozialen Definition«.
Dieser Band bringt die Neufassungen der beiden Stücke: die Neufassung von *Fegefeuer in Ingolstadt* wurde 1971 in Wuppertal uraufge-
führt, die von *Pioniere in Ingolstadt* 1970 im Residenztheater München. Damals sprach die Kritik von der »Ausgrabung des Jahres«, von
einer »kostbaren Rarität«, von einem »einzigartigen Dokument« *(Fegefeuer)* und nannte *Pioniere in Ingolstadt* »ein packendes Stück über
Ausgeliefertsein und Not des Menschen«.
Marieluise Fleißer, geboren am 23. November 1901 in Ingolstadt und
dort am 1. Februar 1974 gestorben, wird heute mit ihren Dramen und
ihrer Prosa zwischen Brecht und Horváth gestellt. Sie studierte 1919
bei Arthur Kutscher in München Theaterwissenschaft, kam dort in för-
dernden Kontakt mit Lion Feuchtwanger und Bertolt Brecht und ge-
hörte schließlich zur literarischen Gruppe, die Brecht um 1925 in Berlin
um sich versammelte. Im 3. Reich erhielt sie Schreibverbot. Marieluise
Fleißer lebte seit 1930 wieder in Ingolstadt.
2001 erschien: Marieluise Fleißer, *Briefwechsel 1925-1974*. (st 3281).

Marieluise Fleißer
Ingolstädter Stücke

Suhrkamp

Von den Regeln abweichende Schreibweisen
wurden auf Wunsch der Autorin übernommen.
Umschlagfoto:
Marieluise Fleißer Archiv, Ingolstadt

suhrkamp taschenbuch 403
Erste Auflage 1977
Der Text folgt dem 1. Band
»Marieluise Fleißer, Gesammelte Werke«
© Suhrkamp Verlag Frankfurt am Main 1972
Copyrightvermerke für die einzelnen Stücke
am Schluß des Bandes
Suhrkamp Taschenbuch Verlag
Alle Rechte vorbehalten.
Alle Aufführungsrechte der Stücke beim
Suhrkamp Verlag Frankfurt am Main
Kein Teil des Werkes darf in irgendeiner Form
(durch Fotografie, Mikrofilm oder andere Verfahren)
ohne schriftliche Genehmigung des Verlages reproduziert
oder unter Verwendung elektronischer Systeme
verarbeitet, vervielfältigt oder verbreitet werden.
Satz: IBV Lichtsatz KG, Berlin
Druck: Nomos Verlagsgesellschaft, Baden-Baden
Printed in Germany
Umschlag: Göllner, Michels, Zegarzewski
ISBN 3-518-36903-2

12 13 14 15 16 17 – 09 08 07 06 05 04

Inhalt

Fegefeuer in Ingolstadt

Schauspiel in sechs Bildern
(Zweite Fassung)

PERSONEN: Berotter · Olga, Clementine, Christian, *seine Kinder* · Roelle · Seine Mutter · Protasius, Gervasius, *ein Individuum und sein Schützling* · Peps · Hermine Seitz · Crusius · 1. Ministrant · 2. Ministrant · 1. Schüler · 2. Schüler · 3. Schüler · Schüler, Schülerinnen, Volk

1. Bild

Wohnzimmer bei Berotter, Berotter, Olga, Clementine, diese vorerst hinter der Szene

CLEMENTINE Wo ist wieder der Schlüssel in den Wäscheschrank? Alles wird bei uns verlegt.

BEROTTER Kannst du nicht antworten?

CLEMENTINE Wenn ich die Betten überziehen muß.

BEROTTER Die Seitz Hermine soll sich wohl in ein unüberzogenes Bett legen?

OLGA Auf der Kommode.

BEROTTER Hast du wieder was eigenmächtig herausgenommen? Wie oft soll ich dir noch sagen, das ist bei uns verboten.

OLGA Die Clementine gibt mir immer nichts.

CLEMENTINE *kommt herein:* Erst muß man schrein. Olga, dein Hemd schaut wieder aus. Schau den Verzug an, mit dem du herumläufst.

OLGA Wenn du mir ewig nichts gibst.

CLEMENTINE Was soll die Hermine denken?

OLGA Von mir aus braucht sie nicht kommen.

BEROTTER Die Frau Seitz liegt im Krankenhaus. Wo soll sie hin damit?

OLGA Ihr kennt die Hermine nicht.

BEROTTER Im Kloster war sie deine Freundin.

CLEMENTINE Die Reissuppe, die du nicht magst, hat sie auch immer für dich gegessen.

OLGA Der Mama wäre es nicht recht, wenn sie ins Haus kommt.

CLEMENTINE Sie spricht von der Mama!

BEROTTER Das tue ich schon der Frau Seitz nicht an.

OLGA Die siehst du gern.

BEROTTER Mit dir werde ich mich herumstreiten. Du bist was Apartes für deinen Vater. Sie kann Latein. Sie will mir imponieren.

CLEMENTINE Sie hat nicht einmal bei der Beerdigung geweint.

BEROTTER Will mitreden.

CLEMENTINE In der Kirche war sie heut auch nicht.

BEROTTER Warst du nicht in der Kirche? Du gibst mir ein schönes Beispiel. Das ist die Ältere.

OLGA In der Kirche geht der böse Feind um den Beichtstuhl herum.

CLEMENTINE Das ist dein schlechtes Gewissen.

BEROTTER Bei dir weiß man nicht, ob man dich hineinschicken soll. Ich will nicht wieder deine Abtötungen. Du übertreibst gleich.

CLEMENTINE Dich wenn wir nicht hätten!

OLGA Das sagt ihr mir jeden Tag.

BEROTTER Ich möchte wissen, wofür du nach der Schule daheim bist. In die Küche geht sie nicht.

OLGA Du nimmst mich auch in kein Lokal mit.

BEROTTER Du kannst nicht reden.

OLGA Dann habe ich es von dir. Du hast mich nicht aufwachsen lassen wie einen Menschen.

BEROTTER Ich habe keines von meinen Kindern vorgezogen.

OLGA Mein Gesicht war dir nicht recht, das merkt ein Kind. Du hast immer gleich gesagt, ich halte meinen Kopf schief.

BEROTTER Deine Mutter hat dir die Aufsässigkeit nicht eingegeben.

CHRISTIAN *kommt herein:* Servus.

BEROTTER Seine Schulmappe wirft man nicht so ins Eck. Heb sie auf und leg sie sorgfältig wieder hin.

CHRISTIAN Eine Schiefertafel ist nicht mehr drinnen.

BEROTTER Hängst du mir das Maul an?

CLEMENTINE Das hat er von der Olga.

CHRISTIAN Der Roelle kann mich schon ärgern.

OLGA Ist was mit dem Roelle?

CHRISTIAN Hast du was mit dem Roelle gehabt?

OLGA Das war doch früher.

CHRISTIAN Ich sage ja, das kann man bei jeder erfinden. Ich kenne meine Olga.

OLGA Er stinkt. Er traut sich nicht in ein Wasser.

CHRISTIAN Er sagt, er kann dir was antun.

OLGA Wieder einmal.

CHRISTIAN Er sagt, er weiß was von dir und wenn er will, zeigt
er dich an.

OLGA Die jungen Menschen meinen immer, sie können einen
zwingen.

CHRISTIAN Er will herkommen, wenn er Zeit hat.

OLGA Alles Sprüch!

CLEMENTINE Die Olga hat mich aufgehalten. Jetzt ist dein Kragen nicht fertig.

CHRISTIAN Klosterbritschen!

CLEMENTINE Da hat man es erlebt. Seine Olga schimpft er nicht.

CHRISTIAN Dein Roelle sagt laut herum, wie die Seitz Hermine
mitten auf dem Gouvernementplatz ihren Unterrock verloren hat.

CLEMENTINE Das tut mein Roelle nicht.

BEROTTER Mit dem jungen Roelle solltest du nicht so umgehen,
Olga. – Du bist an ihm vorbeigegangen, wie wenn er Luft ist.
Dabei hat er gegrüßt.

OLGA Er hat einen Hals wie ein Wurm.

CLEMENTINE Er hat aber die geschlossenen Krägen.

BEROTTER Weil du schon so schön bist.

CHRISTIAN Das ist eben das Interessante dabei, wenn er so
weich mit seinem Kopf nickt.

BEROTTER Er kann einem leid tun. Im Gesicht war er feuerrot.
Wenn ich doch weiß, ein Mensch nimmt an mir ein Interesse.
Dir geht es noch schlecht. Du bist hart.

OLGA Als Kind hat er was Gemeines von mir verlangt.

CLEMENTINE Er hat nie was Gemeines von dir verlangt. Die
Olga will immer alle für sich.

BEROTTER Er ist auch ein Mensch. Die Höflichkeit mußt du gelernt haben bei den Klosterfrauen. Sonst bist du nicht so vorsichtig.

CLEMENTINE Die Olga ist für uns zu fein. Ihren Verzug darf man
nicht anschaun.

CHRISTIAN Ihr sollt sie nicht schimpfen wegen dem Roelle. Der
Roelle ist ein Feigling. Die anderen gehen auch nicht mit

11

ihm. Er will nicht mitrauchen, daß ihm nicht schlecht wird. Er traut sich nicht in ein Wasser.

CLEMENTINE Zu deiner Olga speziell mußt du helfen. Jetzt sage einmal ich was. Wie war es mit dem Hund?

CHRISTIAN Sie kann nichts dafür.

CLEMENTINE Es hat ihm einer Stecknadeln in die Augen getan.

OLGA Ich nicht.

CLEMENTINE Er ist immer von der einen Seite auf die andere gefallen. Du hast zugeschaut.

BEROTTER Wie bist denn du?

OLGA Sie haben ihn vor mein Fenster gehetzt, das ist keine Manier. Dann haben sie geglaubt, sie sind stark.

BEROTTER Wer hat gehetzt?

OLGA Laßt mich gehn.

CLEMENTINE Aber der soll dir einmal erscheinen.

OLGA Der kleine Braune wars mit den weichen Ohren.

CHRISTIAN *zu Clementine:* Du redest immer die Verleumdungen. Sie steht ganz anders da neben dir.

CLEMENTINE Du meinst, die Olga liebt dich. Die Olga hat kein Herz.

CHRISTIAN Die Olga ist nicht wie du.

CLEMENTINE Geh zu Olga.

BEROTTER Mach nicht diesen schiefen Hals her. Müssen die sich streiten wegen dir? Ärgere mich nicht mit deinem Gesicht.

CLEMENTINE An die werden wir noch denken.

BEROTTER Wie war das mit dem Hund? Hast du zugeschaut? Alles dein – was?

CLEMENTINE Ich geh weg vom Roelle.

OLGA Willst du mich schlagen?

BEROTTER Wann habe ich dich zuletzt geschlagen?

OLGA Das ist ewig her. Und ich weiß, für dich ist es die Erlösung.

BEROTTER Strafe mich nicht an meiner seligen Anna.

OLGA Schlag zu, und meine Mutter schlägst du in mir.

BEROTTER Ich kann es nicht. Hört auf mich, wenn ich rede,

Fleisch von meiner Anna. *Er stürzt.* Betrachtet mich, wie ich hier liege. Dieser ist es, der mit seiner Anna so hart war. Die Kinder müssen es wissen.

Die Kinder stehen unschlüssig neben dem Vater.

Alle heben ihn auf.

CLEMENTINE Ich sehe schon, daß es ihr wieder hinausgeht.

BEROTTER Du bist auch kein Engel.

OLGA Bin ich recht?

BEROTTER Du bist recht. Alle sind recht. Bloß ich bin nicht recht.

CHRISTIAN Vergib dir auf diese Weise nichts vor deinen Kindern.

BEROTTER Ihr müßt euren Vater nicht immer außen stehenlassen. Ich möchte wissen, warum wir einander nichts zu sagen haben.

OLGA Ich kann es immer nicht zeigen.

BEROTTER Du bist wieder mein gutes Kind. – Die Anna müßte da sein.

CLEMENTINE Hast du die Olga lieber wie mich?

BEROTTER Du mußt viel übrige Zeit haben, da stehst du. Dem Christian sein Kragen, wann wird der gerichtet? Muß er noch einmal darum kommen?

CLEMENTINE Da bin ich recht.

BEROTTER Du wirst deine Arbeit kennen.

CLEMENTINE Die Olga muß gar nichts tun.

BEROTTER Wenn ihr schlecht ist.

CLEMENTINE Was soll das für eine Krankheit sein?

BEROTTER Du hast zu schweigen.

CLEMENTINE Ich weiß schon, daß ihr einen Haß auf mich habt. Alle haben auf mich einen Haß.

BEROTTER Fängt mir die auch noch an!

CLEMENTINE Mir wollen sie immer den Mund zubinden. Die Mama schaut auf mich herunter, wie ihr umgeht mit ihrem Kind.

OLGA Glaubst du daran?

CLEMENTINE Es ist meine Mama.

OLGA Ich habe nichts Schlechtes tun wollen. Das muß sie nicht von mir denken.

CLEMENTINE Du bist von ihr davongelaufen, wie sie tot war.

OLGA Kannst du was anbringen bei ihr?

CLEMENTINE Um dich nimmt sie sich nicht an. Die Mama sieht ins Herz.

OLGA Ich habe keine Leiche daraus machen wollen. Ein Mensch ist es noch nicht, so haben sie es mir erklärt. Es kann ihm nicht weh tun. Der Herr Katechet sagt, sie kommen an einen anderen Ort.

CLEMENTINE Du hast Angst.

OLGA Ich habe dem Himmel keine Seele stehlen wollen. Es hat keine Seele. Dafür ist es noch zu klein.

CLEMENTINE Du kommst einmal nicht in den Himmel. Du mußt in der Hölle brennen, und ich liege in Abrahams Schoß.

OLGA Dann willst du mich einmal nicht kennen.

CLEMENTINE Ich höre es nicht, wenn du schreist. Der Abstand ist zu groß.

OLGA Das ist dein Kind. Das sind die Frommen.

CLEMENTINE Wie bist du selber?

OLGA Stoße mich mit dem Kopf darauf. Es ist das, was nicht aufhört.

CHRISTIAN Möchtest du wer anders sein, Olga?

OLGA Das wäre mir auch wieder nicht recht. – Ich darf mich nie auskennen.

CLEMENTINE Der Roelle ist ins Haus gegangen. Der Roelle ist auf der Stiege.

BEROTTER Spring mir nicht vor dem Gesicht herum. Wegen dir ist er nicht gekommen.

CLEMENTINE *zu Olga:* Den willst du mir auch noch nehmen?

OLGA Habe ich gesagt, daß ich ihn will?

ROELLE *kommt herein:* Guten Tag allerseits.

CHRISTIAN Die Musterschule persönlich. Kehr du nur gleich wieder um.

BEROTTER Christian, du weißt schon. Laß ihn erst herein. – Schaun Sie ein wenig auf unsere Älteste, junger Mann. Sie

14

ist so unberechenbar. Das muß von der Bleichsucht kommen. Heut war ihr schlecht.

ROELLE Gewiß. Ich bin meinerseits gerne bereit.

CLEMENTINE Da sehe ich einen schönen Herrn schon in aller Frühe.

BEROTTER Du kommst mit, Clementine. – Junger Mann, sind Sie vernünftig. *Ab mit Clementine.*

CHRISTIAN Weichling. Vor einem Erwachsenen zieht er die ganz anderen Seiten auf.

ROELLE Den höheren Umgang von Menschen untereinander wirst du nie kapieren.

CHRISTIAN Die Olga hat ihre Mathematikstunde, schwing dich. Der Peps muß jeden Augenblick da sein.

ROELLE Dann habe ich die zwei auf einmal. Dies sage ich mit einer stillen Hartnäckigkeit.

CHRISTIAN Der bringt fein deine berühmte Seitz mit, weil die eine Zeitlang bei uns bleibt.

ROELLE Wegen der gehe ich kein Haus weiter. Weil das bei mir ostentativ ist.

CHRISTIAN Du hast was Gemeines von ihr verlangt.

ROELLE Seit wann?

CHRISTIAN Die Olga will dich nicht.

ROELLE Das soll sie mir selber sagen. Aus dem Weg. *Pufft ihn weg.*

CHRISTIAN Duckmäuser!

ROELLE Hier hast du die Handschrift.
Christian ist abgeschlagen.
Zu Olga. Mein Vater verkauft Schnupftabak. So einer ist mein Vater.

OLGA Das habe ich nie gesagt.

ROELLE Vor der protestantischen Kirche. Sie haben gesagt, ich stinke.

OLGA Da war ich ein Kind.

ROELLE Es ist eine überseeische Handlung.

CHRISTIAN Keine Rechnung bringt er heraus. Er macht einem die gelbe Visage her.

ROELLE Bei uns stinkt es nicht. Ich möchte, daß Sie mir das sagen.

OLGA Da können Sie lange warten.

CHRISTIAN Trau dir her, dann wende ich meinen Griff an. Knöpf deinen Kragen auf, damit dich nichts hindert.

ROELLE Mein Fräulein, ich gebe Ihnen einen Überblick über die Situation. Sie sehen an mir keinen Hund mit eingekniffenem Hinterteil. Sie sehen kein mit der Angst behaftetes Lebewesen. Was aber erblicke ich, wenn ich mich zu Ihnen wende? Vor meinem geistigen Auge stehen Sie wie ein Häuflein Elend.

OLGA Sie haben was Unangenehmes in die Augen gekriegt.

ROELLE Ich werde keinen roten Kopf kriegen vor einer, wie Sie sind. Sie sind eine Schöne, gut daß ich es weiß. Das muß man ja gleich im ganzen Laden verbreiten.

OLGA Was können Sie mir schon machen.

ROELLE Ich weiß es aber von der Frau Schnepf.
Olga will nicht zeigen, daß sie erschrocken ist.
Für mich ist es nicht schlecht. Es ist nur für Sie schlecht.

OLGA Ich kenne die Frau nicht. Ich war noch nie in dem Haus.

ROELLE Sie sind gesehen worden.

OLGA Das verstehe ich nicht.

ROELLE Vielleicht haben Sie sich eingebildet, die Frau Schnepf bindet sich den Mund zu für Sie. – Die Frau braucht sich nicht fürchten.

OLGA Ich weiß nicht einmal, wovon Sie reden.

ROELLE Die Frau macht es nicht mehr, hat sie zu meiner Mutter gesagt. Es ist strafbar. – Die Frau hat die Nase voll. Und dann hat sie sich ausgelassen, wer so was verlangt hat. Ein Gespräch zwischen Frauen. Ganz ohne Blatt vor dem Mund – Sie müssen sich Ihre Leute schon anschaun.

OLGA Sie – Unmensch.

ROELLE Was tun wir jetzt miteinander? Kommt Ihnen das nicht von selber? Gehn Sie her. Noch ein Schrittchen.
Olga geht bewußtlos.
Sagen Sie Ihre Lektion auf.

16

OLGA Sie haben eine überseeische Handlung, wo es nicht stinkt.

CHRISTIAN Olga, das läßt du dir bieten?

ROELLE Deine Schwester will dich nicht.

OLGA Christian, hast du keine Nerven?

CHRISTIAN Mein Kompliment – zum Blähhals. *Ab.*

ROELLE Hier stehe ich und lächle mit Sanftmut und geborstenen Lippen. Schlecht soll es Ihnen gehen an mir, das habe ich mir auf durchgewetzten Knien hergebettelt. Jetzt können Sie sich nicht rühren.

OLGA Sie haben die geschlossenen Krägen. Ich will wieder auf Sie hinschaun.

ROELLE Das ist schön. Ich bin Ihnen ganz besonders verbunden. Kommt Ihnen vielleicht die Reue? Sehen Sie es ein? Da hat mir eine gesagt, daß ich stinke, sozusagen meine Flamme, vielleicht waren es Sie. Von meinen Gefühlen rede ich nicht. Sie sind zum Schwimmen gegangen und die anderen mit Ihnen, ich habe Sie gehen sehen von weitem, ich ein Kerl, der stinkt. Aber der Horn ist hinter Ihnen her und hat gesagt, die hat aber Beine. Sie haben die Strümpfe gar nicht mehr angezogen am Abend, der Horn war auch nicht älter wie ich. Aber ich bin bei der Mauer gestanden, wie wenn meine Haut nicht ist wie bei den anderen.

OLGA Sie haben sich etwas Schlechtes gedacht.

ROELLE Ich habe die Zündholzschachtel mitgenommen und habe gewartet, daß Sie vorbeigehn. Ich habe sie in der Hand gehalten, mein Hals war dick. Ich habe bei mir gedacht, gleich zünde ich ihr den Rock an. Sie hätten sagen müssen, Mensch, du bist ja ganz blaß. Horn, haben Sie gesagt, geh nicht mit dem. Und ich war mir zuwider.

OLGA Ich habe keine Ahnung gehabt.

ROELLE Heut zündet man nicht mehr den Rock an. Der Mond geht am Fenster vorbei, ich sehe Ihr Licht von meinem Zimmer. Aber es macht nichts, daß man stinkt, es bringt einen nicht um, eine wie Sie sind. Man hat seine Rache. – Wenn Sie gestatten, stecke ich mir eine an. Es gibt mir ein ruhigeres Gefühl.

OLGA Können Sie rauchen?

ROELLE Schon immer – *Er raucht.*

OLGA Ich will mit Ihnen per Arm gehn vor der ganzen Stadt.

ROELLE Mit so einer mag ich mich bald nicht mehr sehen lassen
in dem Kaff. Meine schlechte Haut ist mir lieber.

OLGA Was muß ich tun, daß Sie – schweigen?

ROELLE Ich kann auch einmal eine Macht haben, das kommt
Ihnen wohl spanisch vor. Ich denke, jetzt will sie mir schön-
tun, weil ich es der ganzen Stadt sagen kann, alles wie ich es
will. Haben Sie sich gebessert? Sie sind die Gleiche. Sie werden wieder so sein zu mir.

OLGA Was wissen Sie von mir?

ROELLE Ich frage Sie als Ihr Katechet, dies Kind Ihrer befleck-
ten Empfängnis, ist es Ihnen ein Gegenstand der Liebe oder
des Hasses?

OLGA Es ist nicht anders als mein Widersacher.

ROELLE Ich frage Sie als Ihr Katechet: Leugnen Sie, daß Sie es
haben beseitigen wollen?

OLGA Hätte es meine Mutter an mir getan!

ROELLE Sie geht gleichsam hin und schlägt es mit einem Instru-
ment tot.

OLGA Sie wissen immer so bestimmt, daß Sie recht haben. Was
aus dem Kind wird, sagen Sie nicht. Und was aus mir wird.

ROELLE Das hätten Sie und Ihr sauberer Peps vorher überlegen
müssen.

OLGA Da überleg! Auf mich hetzen sie alle ein. Wenn man frei
sein will – wenn die Freiheit kommt in einer schönen Gestalt
und es schlägt über einem zusammen –

ROELLE *nähert sich ihr:* Meinen Sie – so?
Sie schaudert.

OLGA Der geht her und will eine Sünde mit mir gemein haben.

ROELLE Ich will sagen, beuge dein Knie, und sie wird da beugen
ein Knie und wird wie eine Hörige sein vor meinem Gesicht.

OLGA Was tun Sie mit einem glasigen Kopf so nah bei mir da?

ROELLE Der Hals und die Arme sind mein. Das ist was zum
Hinhängen für mich.

OLGA Ihnen schlägt ja die Stimme über.

ROELLE Das dürfen Sie merken. Mir ist es egal.

OLGA Ich will nicht. Mit Ihnen wird einem ganz schlecht.

ROELLE Ich tus. Ich tus nicht. Ich tus.

OLGA Weg!

ROELLE Weg nicht! In die Hölle kommen wir doch.

OLGA Sie! Langen Sie einmal hin, was Sie für einen Kopf aufhaben.

ROELLE Ich höre nichts. Das sind nicht Sie.

OLGA Morgen werden Sie schamrot.

ROELLE Sie sind für mich wie die Schlange.

OLGA *gewinnt die Oberhand:* Mein Herr, Sie sind mir zu kraß.

ROELLE Mir ist schon eingegangen, was Sie mir zu sagen haben. Wenn ich unter Mitmenschen gehe, da lacht ein kranker Hund.

OLGA Waschen Sie sich an der Schläfe ab und bekommen Sie Ihren Verstand.

ROELLE Kein Wasser.

OLGA Können Sie stehn?

ROELLE Immer müssen Sie mich beleidigen. Sie tun es nicht anders.

OLGA Ich hätte mich mit der Hand auf den Mund schlagen sollen.

ROELLE Wenn Sie noch was sagen wollen, tun Sie es gleich, weil ich dann fort bin.

OLGA Vor Ihnen werde ich lang in Kniebeuge heruntergehn. Ihnen schicke ich einfach den Peps, so.

ROELLE Fragen Sie ihn einmal, ob er Sie heiratet.

OLGA Den hab ich schon gefragt.

ROELLE Der ist ärger als ich. Ich warne Sie.

OLGA Der kann auch nicht, wie er will. Der hat gesagt, ich muß seine Gescheite sein!

ROELLE Das kann der leicht sagen. Der betet Rosenkranz, wenn er jetzt mit der Seitz herumschiebt. Lassen Sie sich ansingen von der Seitz. Mit der sind Sie ja so intim. *Ab.*

OLGA Das habe ich gewußt.

2. Bild

Später am Tag. Olga, Peps und Hermine mit Roelle noch hinter der Szene. Wortwechsel hinter der Szene.

ROELLE Ich will das nicht. Ich lasse mich nicht zwingen.

PEPS Sie müssen. *Peps zieht den Roelle mit Gewalt herein. Hermine folgt.*
Zu Olga: Hat er dich um Verzeihung gebeten?

ROELLE Ich kann das nicht. Das wird bei mir immer anders.

OLGA Was ist jetzt wieder?

PEPS Olga, du weißt nichts.

HERMINE Das ist einer, der hat zum Beichten müssen, und dann haben sie ihn im Beichtstuhl nicht fertiggemacht.

ROELLE Das ist bei mir keine Schande.

HERMINE Ist sie schon.

ROELLE Ich geh einfach zu einem anderen Pater.

HERMINE Das müssen Sie mitbeichten, wenn Ihnen der Frühere die Absolution verweigert hat.

ROELLE Ich beichte nie wieder.

PEPS Was machen Sie dann, wenn Sie mit der ganzen Klasse vorgehn müssen zur Kommunion?

ROELLE Das geht nur mich was an.

PEPS Damit haben Sie sogar recht.

HERMINE Wenn der Mensch nicht mehr beichtet, dann ist ihm die Hölle gewiß.

ROELLE Ich kann die vollkommene Reue erwecken.

PEPS Sie nicht. Das können Heilige.

HERMINE Ich möchte nicht wissen, was so einer zusammenbeichtet, wenn ihm gleich so was passiert.

OLGA Was wollt ihr von dem? Laßt ihn mit dem, was er beichtet, allein.

PEPS Olga, du weißt nichts. Er hat den ganzen Beichtstuhl vollgeredet mit dir. Er hat dich beim Namen genannt und dich richtig durchgezogen.

ROELLE Das ist gelogen.

PEPS Ich bin danebengestanden und habe die Ohren langge-
macht, junger Mann. Ich habe alles gehört.

HERMINE Damit muß man rechnen.

ROELLE Das dürfen doch Sie nicht verraten, wenn das unter
dem Beichtsiegel ist.

PEPS Ich bin kein Geweihter.

HERMINE Das Geheimnis bindet ihn nicht.

ROELLE Das haben Sie erschlichen.

PEPS Wissen Sie, was Sie getan haben? Sie haben ihr die Ehre
abgeschnitten vor dem Pater, der sie in der Schule zweimal
die Woche sieht.

ROELLE Ich habe es angeben müssen. Ich stand unter dem
Zwang.

OLGA Hätten Sie meinen Namen draußen gelassen.

PEPS Der braucht keine Namen.

ROELLE Beim nächsten Mal lasse ich ihn draußen.

HERMINE Sie gehn also doch wieder zum Beichten?

PEPS Er lernt es schon noch.

HERMINE Er bringt nicht einmal eine richtige Kniebeuge zusammen.

ROELLE Die haben Sie gepachtet.

HERMINE Die Buben wissen immer nicht, wie sie es machen
müssen mit den Sakramenten.

ROELLE Ich bin hinein mit dem besten Willen.

HERMINE Haben Sie Leibschneiden gehabt?

ROELLE Nein.

HERMINE Das nenne ich dann nicht die rechte Zerknirschung.

ROELLE Leibschneiden ist mehr für die Mädeln.

HERMINE Haben Sie das Gebetbuch ganz nahe an den Mund
gehalten?

ROELLE Nein.

HERMINE Das sind Vorschriften, nach denen muß man sich
richten. Da bin ich streng.

PEPS Die Hermine und fromm!

OLGA Mit dem Peps zieht sie herum, wenn der Gebetsläuter
lang schon daheim ist.

21

HERMINE Wo steht das aufgeschrieben, daß ich ihm ausweichen muß, wie beim bösen Umgang oder bei der schlechten Gelegenheit?

OLGA Es ist nicht wegen mir.

PEPS Gib still, du warst immer meine Gescheite.

OLGA Weil du ein ganz anderer geworden bist.

HERMINE Der wird halt nicht mehr mögen. Er wird schon lang eine andere haben.

OLGA Dann rücke ich am Samstag die Verlobungsanzeige ein. Bloß, daß du es weißt.

PEPS Was glaubst du, kriegt die Hermine einmal mit?

OLGA Ich muß jetzt schon stehen bleiben. Ich muß warten, bis mich der Geliebte kennt.

HERMINE Mit dir hätte er sich was aufgetan.

PEPS Bei der müßte einer in der Früh am ersten heraus und mit stillen Blicken die Kaffeemühle umreiben.

OLGA Mama, du hast's mir gesagt.

HERMINE Das hast du von der Gescheitheit.

PEPS Jetzt ist es einmal nicht so geworden, wie sie sich eingebildet hat.

HERMINE Sie hat gemeint, sie kann mit dem Kopf durch die Wand.

ROELLE So geht man nicht um mit der Olga. Die Olga war wie ein Kind.

OLGA Der Roelle ist der Einzige.

ROELLE *zu Hermine:* Das Ganze ist Ihre Bosheit.

HERMINE *neben Peps:* Haben Sie genügend geglotzt, wie wir zwei uns chemisch miteinander verhalten?

ROELLE Für mich hat Olga ein Gesicht wie der Lieblingsjünger Johannes.

HERMINE Ihnen nehme ich Ihren kasigen Heiligenschein. Wie war es mit dem Hund?

ROELLE Was wissen denn Sie! Einem Hund was in die Augen tun, ist gar nicht so einfach. Ich habe gedacht, wenn er schreit, das ist wie meine arme Seele. Die Olga hat mich verstanden.

22

HERMINE Er hat es zugegeben. Ihr seid meine Zeugen.

ROELLE Kanaille.

HERMINE Damit hänge ich ihn beim Lehrer hin, daß er geschaßt
wird. Das sind diese schlechten Elemente, die muß man aus
der Schule entfernen.

ROELLE Sie bestimmen das nicht.

HERMINE Gleich heut hänge ich ihn hin – auf der Stelle.
Ab.
Roelle ihr nach.

PEPS *fixiert Olga:* Ist es weg?

OLGA Nein.

PEPS Warum nicht? Ich habe dir die Adresse gegeben von einer
Frau Schnepf.

OLGA Sie macht es nicht mehr.

PEPS Du lügst, Du warst gar nicht dort.

OLGA Drei Finger aufs Herz – ich war dort. Sie hat sich gewei-
gert.

PEPS Dann mußt du dich dumm angestellt haben.

OLGA Sie sagt, sie ist deswegen gesessen. Man paßt ihr auf. Sie
sagt, soviel Geld haben wir gar nicht, daß sie es macht.

PEPS Dann mußt du dafür jemand anderen finden. Ich kann dir
das Kind nicht lassen.

OLGA Ich habe Angst.

PEPS Du mußt es wegbringen. Das ist nichts Besonderes. Das
haben schon viele getan. Ein Kind kann ich nicht brauchen.

OLGA Du magst mich nicht mehr.

PEPS Tu was dagegen, oder du lernst mich kennen.

Eine Allee. Protasius, Olga.

PROTASIUS Das ist das Merkwürdige, daß gerade Sie in dieser abgelegenen Allee gehn.

OLGA Mann, Sie steigen mir nach.

PROTASIUS Es hat den einzigen Fehler, daß Sie unvorhergesehenerweise allein sind. Bei Ihnen war ich auf einen charakteristischen Begleiter gefaßt. Nicht doch, nicht doch, Fräulein Olga.

OLGA Wenn Sie nicht von mir ablassen, ich schreie.

PROTASIUS Die Ängstlichkeit ist ein Trieb, der bei einzelnen Menschen ganz unwiderstehlich auftritt. Das sage ich selber. Wenn ich Sie wäre, ich möchte mit keinem Handwerksburschen in dieser abgelegenen Allee ganz allein sein. Bei mir ist das wieder anders. Wissen Sie, ich bin ein unblutiger Mensch.

OLGA Gebettelt wird bei uns immer am Freitag.

PROTASIUS Ich danke schön. Diese Grausamkeit ist mir bekannt. Aber ich bin nicht der bedürftige Bettler, für den Sie mich halten. Mich schickt mein Doktor Hähnle, der ein wichtiger Mann ist. Behandeln Sie mich wie ein Ei.

OLGA Sie belästigen mich.

PROTASIUS An Ihnen hängt er aber, der Roelle, weil ich das weiß. Sie haben am meisten Einfluß auf ihn.

OLGA Wenn Sie zum Roelle wollen, müssen Sie hingehn zum Roelle. Warum kommen Sie da lang zu mir?

PROTASIUS Mich zwingt nur die Not. Fräulein Olga, ich werde es Ihnen geduldig entwickeln. Nämlich seine Mutter, diese verhärtete Frau, sie läßt mich nicht länger an den Knaben heran. Dabei hat er es heilig versprochen.

OLGA Was geht das mich an?

PROTASIUS Sie sind mein möglicher Umweg zu dem Gesuchten.

OLGA Ich verstehe Sie nicht.

PROTASIUS Umweg oder Fluchtweg. Weil mich mein Doktor

von jeher zu den schwierigen Gängen verwendet, und mein Doktor Hähnle ist nicht der geduldige Mann. Sehen Sie, das hätte ich Ihnen jetzt alles schön langsam gesagt.

OLGA Warum stellen Sie dem Roelle nach?

PROTASIUS Weil er nicht mehr kommt von allein, darum muß ich den Knaben holen. Weil das bei dem auch nicht freiwillig ist, wenn er immer so ausgefragt wird und das ganze Innenleben wird nachher aufgeschrieben.

OLGA Ich möchte mir nichts abschaun lassen von einem Doktor.

PROTASIUS Das soll aber gut sein für den späteren Heilungsprozeß.

OLGA Fehlt dem Roelle was?

PROTASIUS Was sage ich denn die ganze Zeit? Da besteht eine begründete Vermutung, und wenn die stimmt, dann ist es mit dem Knaben nicht immer ganz richtig.

OLGA Da weiß er aber nichts davon.

PROTASIUS Er darf sich nicht aufregen, sagt mein Doktor Hähnle. Aber ich sage, ich halte das in einem Menschenleben für eine allgemeine Sentenz.

OLGA Warum lassen Sie ihn dann nicht in Ruhe?

PROTASIUS Weil wir hängen. Er läßt die Wissenschaft hängen.

OLGA Der Roelle hat seinen Kopf auf. Darin ist er eigen.

PROTASIUS Es ist auch wegen der zeitweiligen Aufsicht. Ich sage, den Knaben darf man nicht so herumlaufen lassen mit seiner Veranlagung. Man weiß nicht, was sich entwickelt. Der Knabe kann eine Gefahr sein. Aber von seiner Mutter aus ist das immer gleich das größte Geheimnis.

OLGA Der Roelle wird schon wissen warum, wenn er nicht hingeht.

PROTASIUS Dafür fehlt ihm die Übersicht. Weil das so ist, wenn am Knaben sich was ereignet und wir können an ihm unsere Beobachtungen machen, dann wird er verfaßt. Das sind aber die seltensten Menschen, die man verfassen kann, sagt mein Doktor. Wenn der Knabe aus dummem Widerstand ausbleibt, wo schaffe ich dann einen ähnlichen Ersatzmann heran?

OLGA Was kann Ihnen so einer schon bieten?

PROTASIUS Ich muß mich aber sehr über Sie wundern. Vor Eigenliebe merken Sie nicht, was Ihnen vor der Nase liegt. Der Knabe ist ein finsterer Heide und hats mit der Magie.

OLGA Werden Sie nur nicht ausfallend. Ich gehe.

PROTASIUS Das dürfen Sie uns nicht antun. Der Knabe ist erst angeritzt, das ist für unsereinen kein Zustand. Wir studieren an ihm.

OLGA Der Roelle ist doch nicht wie ein Mensch.

PROTASIUS Ich sage erst noch, der ist um das auch nicht viel anders.

OLGA Aber es ist besser, wenn man es weiß.

PROTASIUS Aber, wenn das hätte sein müssen und der Doktor hätte absolut wen für seine Beobachtungen gebraucht, den hätte ich ihm auch noch markiert, sage ich. Das hätte aber nicht so gut gepaßt zu meinem verhaltenen Wesen.

OLGA Und was soll ich dabei?

PROTASIUS Schärfen Sie es ihm ein, daß er kommen muß und daß er es für die Wissenschaft tut.

OLGA Das wird ihm in den Kopf steigen.

PROTASIUS Oh, das ist sogar günstig.

OLGA Ich weiß nicht einmal, was Sie für einer sind und wo er da hinkommt.

PROTASIUS Ich bin untrennbar mit meinem Doktor verbunden. Ich bin sein Zutreiber und sein Spion, denken Sie deswegen nicht niedrig von mir. Ich treibe ihm seine Menschen zu, an denen er seine unsterblichen Entdeckungen macht. Ohne mich, sage ich, wäre er verloren.

OLGA Ich sehe, Sie nützen den Knaben aus.

PROTASIUS Wir nützen ihn aus und wir spießen ihn auf, aber wir sichern ihm eine Art Unsterblichkeit zu.

OLGA Sie werden mir langsam unheimlich.

PROTASIUS Aus dem Unheimlichen kommt unsere Präzision.

OLGA Ich will es nicht ausrichten, das ist alles. Er soll da ganz frei sein.

PROTASIUS Der Knabe ist nicht mehr frei.

4. Bild

Seitenplatz einer Dult. Hinter einem Zigeunerwagen. Roelle,
zwei Ministranten.

1. MINISTRANT
   In Ingolstadt is zünftig
   da gibts a Pferdebahn
   der eine Häuter zieagt net
   der ander der is lahm
   der Kutscher der is bucklig
   die Radeln die san krumm
   und alle fünf Minuten
   da flieagt der Wagen um.

ROELLE Gibst jetzt eine Ruh mit dem dummen Geplärr?

1. MINISTRANT Den schau an, wir dürften uns nicht rühren.

2. MINISTRANT Paß auf, wir lassen dich sitzen, wenn du vor der
   Menge als ein Heiliger erscheinst.

1. MINISTRANT Das hättest nicht sagen sollen. Jetzt nimmt er
   eine leidende Miene an.

ROELLE Das gibst zu, daß ich mich vorbereiten muß. Achtgeben
   muß ich auf den Ruf da drinnen und mich tief in mir versen-
   ken.

1. MINISTRANT Haben wennst es tust, nachher sagst mirs. Dann
   kann ich langsam in die ewige Seligkeit eingehn, wenn mich
   das nicht mehr plagt.

2. MINISTRANT Spiel dich nicht auf. Du bist angewiesen auf uns,
   daß wir dir dein Publikum zutreiben. Ohne uns hört dich
   keine Sau.

ROELLE Dann soll es eben nicht sein. Denn ich weiß nicht den
   Tag und die Stunde, wann mich der Geist überfällt.

2. MINISTRANT Hiergeblieben. Davonlaufen gibts nicht. Du
   mußt es eben können.

1. MINISTRANT Dir kennt man fein was an. Im Gesicht bist du
   ganz grün.

2. MINISTRANT Da hilft nichts, Freunderl. Wenn du vorgibst,

daß du ein waschechter Heiliger bist, dann mußt du das eben beweisen.

ROELLE Zu mir kommen Engel.

1. MINISTRANT Und sie werden dich tragen, daß nicht an einen Stein stoße dein Fuß.

2. MINISTRANT Wenn du solche Bekanntschaften hast, dann mußt du sie uns armen Hunden schon zeigen.

ROELLE Aber das geht nicht immer. Ich weiß nie vorher, wann es geht. Die Engel sind da oder die Engel sind weg. Ich kann sie aus freien Stücken nicht holen. Die Engel müssen mich überfallen.

2. MINISTRANT Da nimmst du dich eben zusammen. Jetzt haben wir es den Leuten schon eingesagt und die wollen einmal richtige Engel sehn.

ROELLE Die Engel kann man nicht sehn. Die Engel kann man nur hören.

1. MINISTRANT Das mußt du dann schon mit den Leuten ausmachen. Wir lassen dich nämlich nicht aus.

ROELLE Ach, ihr seid blind und seid taub.

2. MINISTRANT Wir verstehen dich nicht, das wissen wir schon.

1. MINISTRANT Wir können ihn auch nicht verstehn, weil wir ihm keine Nachfolge leisten. Aber wir werden uns hüten.

2. MINISTRANT Da ginge es uns schlecht. Bei dem muß man sich mit dem Kruzifix in sein Bett hineinbinden lassen, damit einem seine Sünden besser einfallen.

1. MINISTRANT Da täten wir nämlich nicht mit. Uns hängt das Frommsein zum Hals heraus. Wir gehen zuviel um mit dem Zeug.

2. MINISTRANT Wie lang hast beten müssen mit ausgespanntem Arm? Ist die Mamma glückselig dahintergestanden?

ROELLE Ihr seid profan und wenn ihr hundertmal umgeht mit dem Geweihten.

1. MINISTRANT Glaubst, den Meßwein packe ich mit einem Griff. *Gebärde des Trinkens.* Weil ein Ministrant das viel zu genau weiß, was gut schmeckt.

ROELLE Warum seid ihr hinter mir her?

2. MINISTRANT Vielleicht mögen wir dich nicht.

1. MINISTRANT Dieser ist es, an dem ich mein Wohlgefallen habe oder auch nicht.

2. MINISTRANT Du mußt es eben können.

1. MINISTRANT Willst dich wohl noch bedenken, ob du dich vor der profanen Menge geistlich produzieren willst.

2. MINISTRANT Tun wir bis dahin Roelle spielen.

1. MINISTRANT Also.

2. MINISTRANT Ich bin der Alias Roelle. Der Großmogul von Hintien. Ich geh voraus.

1. MINISTRANT Erlaubst es?

ROELLE Darüber bin ich doch erhaben.

1. MINISTRANT Weil, wenn du es nicht erlaubt hättest, nachher hätten wir auf dein Erlauben gepfiffen.

2. MINISTRANT Ich bin der heilige Roelle, ich geh voraus. Obacht, ich komme von den Thronen und Herrschaften und rufe ohne Unterlaß –

ROELLE Falsch.

2. MINISTRANT Dann so – Aus dem Weg, weil jetzt ich komme. Ihr dreckigen Staubfresser zeigt eure Tonsurplatten von oben her.

1. MINISTRANT Anisroelle nicht so stolz
deine Schuh sind doch aus Holz.

2. MINISTRANT Mich könnt ihr meine einmalige Kehrseite entlanggleiten, ihr Teufelsanbeter. Dies sage ich mit einer eigenartigen Handbewegung.

1. MINISTRANT Hörst ihn reden, den Spinngockel?

ROELLE Dir muß man das Kreuz einstoßen.

2. MINISTRANT Guter Mann, die Polizei hat es verboten.

ROELLE Drauf auf ihn. Hau ihn. Nachher kriegst was.

1. MINISTRANT *schlägt auf den zweiten ein:* Dir eine, dem Roelle eine und dem Roelle wieder eine.

2. MINISTRANT Das gilt nicht. Die für den Roelle nehme ich nicht an.

1. MINISTRANT Für was machst ihn nachher, den Roelle?

2. MINISTRANT Mein Bauch tut weh weh, mein Kreuz tut weh

weh, mein Mundwerk geht nicht mehr wie ein Wasserzug. Ich bin der ungerecht Mißhandelte und der Verkannte.

1. MINISTRANT He! Mußt du mir mit deinem eingesalzenen Maul beim Reden ins Gesicht spucken?

2. MINISTRANT Was tue ich?

1. MINISTRANT Dann spucke ich zurück.

ROELLE Das muß der sich gefallen lassen.

2. MINISTRANT Bei euch bleibe ich nicht mehr wie angenagelt. Ich gehe in die Prärie.

ROELLE Lassen wir ihn mausetot umfallen. Dann graben wir ihn ein.

2. MINISTRANT Eingraben lasse ich mich nicht.

ROELLE Du mußt, du mußt.

2. MINISTRANT Kommandieren ist leicht. *Über Roelle.* Den graben wir ein. Graben wir ihn halt ein, den wirklichen Roelle.

ROELLE Ich tue nicht mehr mit.

1. MINISTRANT Nein, wir brauchen ihn noch am Abend.

2. MINISTRANT Da hast du Glück.

1. MINISTRANT Ich darf doch was tun und du nicht. Weil ich immer bei der Epistel das Heilige Buch auf die andere Seite tragen muß, hein!

2. MINISTRANT Dominus Kommißbrot.

1. MINISTRANT Uns wenn sie nicht hätten. Bloß du bist das unnütze Möbel. Du bist ja auch heilig oder möchtest es sein.

ROELLE Ich sag bloß, du wirst schon sehn.

2. MINISTRANT Sind wir still, Kare, jetzt denkt er sich was dabei. Da kommen wir nicht mehr mit.

1. MINISTRANT Da geht uns eben was ab.

ROELLE Ich verstehe das nicht. Ihr habt die Augen von Menschen, aber ihr seid wie die reißenden Tiere.

2. MINISTRANT Vielleicht weil du uns zwingst.

ROELLE Ich will es euch noch einmal erklären.

2. MINISTRANT Kare, wir werden verklärt. Geben wir unseren Geist in seine Hände, unseren höheren Spiritus, auf den können wir dann gleich ganz verzichten. Weil er uns ansingt.

ROELLE Habt ihr schon was von der wirkenden Macht der Liebe gehört?

2. MINISTRANT Ich komm in kein Kino. Mein Vater nimmt mir das Ministrantengeld ab.

ROELLE Da wird man anders. Da ist einer dann nicht mehr zum Kennen.

2. MINISTRANT So?

ROELLE Saulus wird Paulus.

2. MINISTRANT Das kennt man dir aber nicht stark an. Du wirst eher noch ärger.

ROELLE Was meinst du, hätte der Roelle von früher getan?

1. MINISTRANT Der wäre ausgerissen und hätte hinter einem Straßeneck vorgeschrieen, für mich sind die zu gering.

ROELLE Und der Roelle von jetzt?

1. MINISTRANT Was tut nachher der?

ROELLE Der stellt sich hin, wobei er dich von oben bis unten fixiert, und sagt – ja sagt: Ihr seid die Armen im Geiste.

2. MINISTRANT Das ist bei mir pfeilgrad das Gleiche. Weil du nämlich stolz bist und wir sind dir zu gering.

OLGA *kommt um den Wagen herum:* Ich laufe die ganze Dult ab.

1. MINISTRANT Jetzt hätte ich beinahe gepfiffen.

2. MINISTRANT Es brennt ein Licht im ersten Stock vielleicht kommt sie im Unterrock.

OLGA Roelle, mach, gehn wir hinter den Wagen, die zeigen auf mich mit dem Finger.

2. MINISTRANT Und wenn wir mitkommen hinter den Wagen?

ROELLE Niemand tut Ihnen was.

1. MINISTRANT Das ist eine ganz Scheue.

2. MINISTRANT Die muß man drauf stoßen, dann wird sie erst gut.

ROELLE Versteckt euch, ich sehe den Schein hinter ihrem Gesicht.

OLGA Bei mir?

ROELLE Daran kann einer sterben. Das himmlische Licht.

2. MINISTRANT Uns kannst du nicht ansingen, überspannter

Teufel, überspannter.

1. MINISTRANT Der hat ja den religiösen Wahnsinn.

2. MINISTRANT Die kannst du uns nicht andrehn für einen Engel. In der Stadt ist sie bekannt.

ROELLE Die will mir was. Seid doch gescheit. Laßt einen auch einmal allein.

1. MINISTRANT Sie will ihm was. Und was haben die armen Ministranten?

2. MINISTRANT Geh, Kare, die lassen wir poussieren, weils gleich ist.

1. MINISTRANT Schieben wir ab mit unsere Trittling.

2. MINISTRANT Aber wir gehen nicht weit. Bei uns bleibst du unter Beobachtung, verstanden. Du weißt, was auf dich wartet.

ROELLE Von mir aus.

2. MINISTRANT
Ging gang
der Pfarrer is krank
der Mesner läut't
der Geißbock schreit
mäh
Die Ministranten ab.

ROELLE Die wissen nicht, was sie tun.

OLGA Ich bin gekommen.

ROELLE *streicht Olga über Stirn und Gesicht:* Sie müssen folgen. Sie müssen auf die geringste meiner Gemütsbewegungen eingehn.

OLGA Ich habe mir gleich gedacht, da kommt noch was nach.

ROELLE Wollen Sie heilig werden?

OLGA Geh!

ROELLE Tun Sie, was ich Ihnen sage.

OLGA Ich will aber nicht.

ROELLE Sie kommen da nicht mit, das habe ich schon gesehen.

OLGA Das ist bei den meisten Menschen, daß sie auf den andern nicht eingehn mögen.

32

ROELLE Deswegen sind wir doch beisammen.

OLGA Sie dürfen sich aber nichts dabei denken. *Sie betrachtet ihn.*

ROELLE Mit Ihrer unausgesetzten Beobachtung werde ich bald verstimmt.

OLGA Ich werde noch schauen dürfen aus meinen Augen.

ROELLE Sie machen mich aber verstimmt.

OLGA Ich schaue mir den Bug an bei Ihrem Gesicht.

ROELLE Sein Gesicht sucht ein Mensch sich nicht aus.

OLGA Weil ich sage, daß Sie nicht stimmen.

ROELLE Warum täte ich nachher nicht stimmen?

OLGA Das ist so bei der Physiognomie. Weil sich da die Instinkte malen, auch wenn sie verborgen sind. Drum sage ich, bei Ihnen gehört erst noch was hinein.

ROELLE Mir ist das noch nie so vorgekommen.

OLGA Warum regen Sie sich nicht? Sie sind wie ein Tier, das sich totstellt.

ROELLE Ich bin immer gleich so plump vor dem scharfen Auge.

OLGA Sie müssen sich regen, daß man das, was man noch nicht weiß, an Ihren Bewegungen sieht.

ROELLE Wenn ich auf diese Weise angestarrt werde, kann ich überhaupt keinen eigentümlichen Gedanken mehr fassen.

OLGA Dann weiß ich bald nicht, wofür ich mich bei Ihnen hinsetze. Und ich will doch was merken.

ROELLE Wer oder was bin ich für Sie?

OLGA Das muß Ihnen gleich sein.

ROELLE Mir ist es aber nicht gleich.

OLGA Sie haben recht gehabt mit dem Peps. Er mag mich nicht mehr. Er wird so gemein.

ROELLE Dem muß man nicht nachweinen.

OLGA Ich kenne niemand. Ich sehe mich nicht hinaus.

ROELLE Ich werde doch Ihnen nichts tun. Für mich werden Sie immer die Olga sein.

OLGA Aber ich bekomme ein Kind.

ROELLE Das ist nun nicht anders.

OLGA Mein Bauch wird dick.

ROELLE Sie müssen es nicht abtreiben. Das Kind lebt schon, auch wenn es nichts weiß.

OLGA Du sollst nicht töten.

ROELLE Es ist mir durch den Kopf gegangen. Das Kind ist in der Liebe entstanden. Vielleicht wird es ein schönes Kind.

OLGA Bestimmt.

ROELLE Es sollte leben dürfen, auch wenn es nicht schön ist.

OLGA Aber was soll ich denn tun?

ROELLE Von mir lassen Sie sich ja nicht helfen. Auch wenn Sie es nicht wahrhaben wollen – ich bin in Ihrem Leben der wichtige Mann. Tun Sie, was ich Ihnen sage. Sie müssen aufs Land, bevor man es kennt. Sie müssen das Kind entbinden, wo Sie ganz fremd sind.

OLGA Dafür muß man zahlen.

ROELLE Ich garantiere Ihnen, ich treibe ein Geld auf.

OLGA Sie.

ROELLE Ein schönes Kind hätte ich gern.

OLGA Sie müssen es nicht haben.

ROELLE Ich will es aber haben.

OLGA *bitter:* Und mich damit.

ROELLE Wie sein Vater soll es nicht werden.

OLGA Sie drängen sich da in was rein –

ROELLE Es macht Menschen aus uns, indem es ein Mensch wird.

OLGA Man muß sich nicht anlehnen. Es bringt nichts. *Sie läuft weg.*

ROELLE Aber das gibt es doch gar nicht.

MUTTER *kommt mit einem Essenträger:* Hab ich dich, setziger Balg, setziger? Tust gleich, was ich will?

ROELLE Du kannst mir nicht mit deiner blöden Suppen nachlaufen. Du weißt nicht, was daraus entsteht. Ich bereite dich schonend vor.

MUTTER So, das wird gegessen. Daß ich dir das jeden einzigen Donnerstag predigen muß, seine Sagosuppe läßt man nicht stehn. Meinetwegen sitzst eine Stunde davor da. Ich geh nicht eher weg.

ROELLE Mamma, ich habe den besten Willen. Das geht mir aber

jetzt direkt gegen das Gefühl.

MUTTER Und das gute Ei, das da drin ist.

ROELLE Aus so einem Geschirr kann ich nicht herausessen. Da bin ich ein rätselhafter Mensch. Und überhaupt ist das ein Eßgeschirr für die Kranken.

MUTTER Muß ich es dir eingeben?

ROELLE Wie du heut mit mir bist.

MUTTER Schämst dich nicht bei deiner Mutter? Wart, dich sperr ich in den unteren Keller und laß dich schreien.

ROELLE Das ist ein klassisches Wort. Schau her, Mamma, daß du siehst, wie ich mich zu was zwinge. Aber das ist ja ein Saustall, die ist ja ganz kalt.

MUTTER Die habe ich dir hineingeschüttet, wie du sie stehn hast lassen. Iß.

ROELLE Laß mich aus. Die Suppe widersteht mir.

MUTTER Nur hinunter damit. Das muß sauber ausgegessen werden. Mir kommst du nicht aus.

ROELLE Da soll mir was anschlagen.

MUTTER Muß ich zählen? *Sie gibt ihm Löffel für Löffel ein.* So, der ist für den heiligen Josef, der ist für dein verstorbenes Schwesterlein, tu dich nur schön überwinden. Der ist für deinen Schutzengel, du weißt nie, wann du ihn brauchst. Der ist für alle armen Seelen im Fegefeuer.

ROELLE Der Mensch muß nicht essen.

MUTTER Da sollst du was werden. Du fällst mir noch vom Fleisch.

ROELLE Vielleicht will ich das gerade.

MUTTER Schindluder treibst du mit dir. Ich würde mich fürchten.

ROELLE Es ist auch zum Fürchten.

MUTTER Sie hätten dich nie von der Schule wegjagen dürfen. Du nimmst es dir zu stark hinein.

ROELLE Ich tu, was ich muß.

MUTTER Das hat er von seinem Vater, Jesus, Jesus! Ich bin nur eine gewöhnliche Frau.

ROELLE Die Lehrer haben es ausgemacht, daß ich nichts tauge.

MUTTER Als ob andere nicht auch was anstellen, solang sie jung sind. Das verwachst sich.

ROELLE Nur mir sitzen sie auf. Den anderen geht es hinaus, ich weiß nicht warum.

MUTTER Es ist ungerecht, Sohn.

ROELLE Sie haben gesagt, ich bin eine Pest.

MUTTER Nimm es dir nicht so hinein.

ROELLE Und ich bin keine Pest. Das wird sich zeigen.

MUTTER Wir sind nicht die Letzten.

ROELLE Und es ist noch gar nicht heraus. Die werden sich wundern.

MUTTER Es gibt andere Schulen in einer anderen Stadt. Das muß ich mir eben leisten. Ich schicke dich in ein Institut.

ROELLE Ich will in kein Institut.

MUTTER Aber hier kannst du deinen Abschluß nicht machen. Du brauchst einen Abschluß.

ROELLE Ich will hierbleiben. Die Olga ist auch nicht mehr fort.

MUTTER Du machst dich noch ganz verrückt mit der Person. Willst du dir dein Leben versperren?

ROELLE Bei mir gehts nicht so glatt. Für mich sind die Dornen, das weiß ich.

MUTTER Laß dich nur stechen. Leg es nur darauf an.

ROELLE Du kannst mir nicht folgen, Weib. Wenn ich dir sage, mich hat was gerufen.

MUTTER Sohn, wenn du dich nur nicht versteigst.

ROELLE Und die werden schon sehn. Und ich kann mich an den Haaren herausziehn aus meinem Teich.

MUTTER Es gibt keine Wunder. Alles geht Tritt für Tritt.

ROELLE Das wissen die nicht, wer ich bin. Vielleicht habe ich mir vorgenommen, ich werde heilig.

MUTTER Heilig mit dem Maul.

ROELLE Und das geht. Man muß sich ganz fest einbilden, daß man es wird. Und man muß was dafür tun. Haben es die anderen gekonnt, dann kann ich es auch.

MUTTER Du trau dir!

ROELLE Man muß sich immer dann überwinden, wenn es

schwer wird. Zum Beispiel nicht essen.

MUTTER Nicht essen, nicht essen! Bis ein Licht durch dich durchscheint? Bis alle Krankheiten dich überfallen? Bis du überschnappst, Sohn? Wer muß dich dann haben?

ROELLE Man muß so wenig essen, daß die übernatürlichen Erscheinungen zu einem kommen am gewöhnlichen Tag.

MUTTER Ich halte das nicht für gesund. Ich halte das für gefährlich.

ROELLE Und das geht. Das habe ich ausprobiert, daß es geht. Das treibt einen über die Grenzen.

MUTTER Fürchtest du dich nicht vor dem, was du dich unterstehst?

ROELLE Es ist auch zum Fürchten. Deswegen habe ich aufgehört.

MUTTER Siehst du.

ROELLE Aber jetzt fange ich wieder an. Ich war noch zu wenig. Ich war eben nicht heilig.

MUTTER Es hat sich ihm auf den Kopf geschlagen. Jesus, Jesus!

ROELLE Du kannst es mir nicht verbieten, Weib.

MUTTER Sohn, ich wünsche dich mir nicht heilig.

GERVASIUS *taucht hinter dem Wagen auf:* Diesmal haben wir ihn ertappt. Er ist auch nur ein Muttersohn.

ROELLE Du hast auf dem Platz nichts zu suchen.

GERVASIUS Du könntest es wissen, ich bin überall.

ROELLE Du bist kurzsichtig, du hast es so genau nicht gesehn.

GERVASIUS Das habe ich schon gesehn.

ROELLE Wenn hier was geschehen ist auf dem Platz, so ist das geschehen unter dem Siegel der Verschwiegenheit.

GERVASIUS Geh weiter. Ich bin die ganze Zeit dahinten gestanden, und es hat mich gelabt. Der ist für den heiligen Josef, tu dich nur schön überwinden.

ROELLE Siehst, das mag ich gar nicht sagen, was du bist.

GERVASIUS Was bin ich nachher?

ROELLE Du bist eine irregeleitete Seele.

GERVASIUS Ich habe mir noch überlegt, soll ich herauskommen und den Knaben für ewige Zeiten blamieren? Im Anfang

hast du mich gereut. Aber dann habe ich den Knaben lieber
blamiert.

ROELLE Das zeigt deinen schmutzigen Charakter.

GERVASIUS Denn jetzt kann ich es auf dem Schulhof weitererzählen, wo die besseren Knaben sind. Mir ahnt schon, die besseren Knaben kennen da kein Erbarmen, wenn einer ein Muttersohn ist. Noch einen Löffel. Der ist für deinen Schutzengel, du weißt nie, wann du ihn brauchst.

ROELLE Geh du nur auf deinen dreckigen Schulhof. Man weiß schon, an wen du dich da heranmachst. Ich zum Beispiel kann die Polizei auf dein Treiben aufmerksam machen, dann sitzt man dir auf.

GERVASIUS Das mußt du mir erst noch beweisen. *Ab.*

ROELLE Weg ist er wie ein Stinktier.

MUTTER Jesus, mich hats überlaufen.

ROELLE Merkst es bald, wie man mit dir blamiert ist?

MUTTER Sag mir grad, wie dir das eingefallen ist? Ja und ich bin dagestanden wie das ewige Elend mit Reue und Leid.

ROELLE Laufst mir noch einmal nach mit der Suppen?

MUTTER Gleich pack ichs zusammen. Ich meine halt, das sind die sieben Gaben des heiligen Geistes. *Ab.*

ROELLE Jetzt wird sich aber vorbereitet mit der würdigen Vorbereitung. Ich bleibe immer stecken.

CLEMENTINE *kommt um den Wagen herum:* Ich hätte die Frau Roelle ja angesprochen, aber sie war ganz durcheinander. Sie hat mich nicht einmal gesehn.

ROELLE Darin ist meine Mamma eigen, wen sie sieht und wen sie nicht sieht.

CLEMENTINE Bei mir nicht. Die hat erst gesagt, Clementine, wenn es bei Ihnen einmal was wird mit meinem Sohn, bei Ihnen habe ich nicht einmal was dagegen, weil Sie gar so ein fleißiges Mädel sind und das ist wie ein Kapital. Und das stimmt. Auf mir ruht das ganze Haus.

ROELLE Ich gebe überhaupt viel auf meiner Mamma ihr Urteil. Weil ich sage, durch das ganze Leben wird man von selber gescheit.

CLEMENTINE Sie ist mitten im Leben gestanden und das möchte ich auch. Wie kommt die Haarschleife her von der Olga?

ROELLE Die hat rein der Wind hergetragen.

CLEMENTINE Die hat nicht der Wind hergetragen. Das ist ihre breite und bricht noch nirgends. Sie sind mir unbegreiflich, Herr Roelle. Sie steigen ihr nach. Wie man sich täuschen kann über eine Person.

ROELLE Ich bin ihr nicht nachgestiegen, sie ist ganz von selber gekommen. Sie ist auch ganz von selber gegangen.

CLEMENTINE Ich sage bloß, die Olga ist eine Schöne. Und wer ihr was will, der kann mir leid tun. Von der Seite schaut sie wie ein Mann aus.

ROELLE Da haben Sie es erkannt.

CLEMENTINE Sie kennen mich von Kind auf. Sie werden als Mann nicht fremd tun.

ROELLE Mit Ihrer Schwester würde ich Sie niemals vergleichen.

CLEMENTINE Ich muß einmal wegkommen von daheim. Für mich ist das keine Umgebung.

ROELLE Ich bin nicht der Letzte. Ich kann mich hinstellen vor eine Frau.

CLEMENTINE Sie werden wissen, mit wem Sie besser fahren. Mit der Olga, das gäbe ein Unglück.

ROELLE Lassen Sie mich nur erst den heutigen Tag hinter mir haben.

CLEMENTINE Es wird Sie nicht reun.

1. MINISTRANT Zeit ist. Die Leute warten, daß du erscheinst.

ROELLE Ausgeschlossen.

2. MINISTRANT Einzelne Personen sind geneigt, daß sie es für einen Schwindel bezeichnen. Aber dann habe ich ihnen was suggeriert.

1. MINISTRANT Die Seitz Hermine hetzt am meisten.

CLEMENTINE Auf was hat er sich denn wieder eingelassen?

ROELLE Das wird nicht verraten.

2. MINISTRANT Das hat er der anderen auch nicht entwickelt.

1. MINISTRANT Er meint bloß, weil Sie heut schon die Zweite sind.

2. MINISTRANT Das Gesicht, das die gemacht hat, das müßte ihr jetzt stehenbleiben.

Clementine ab.

Roelle versucht sich zu drücken.

Laß ihn nicht aus. Der Roelle wird menschenscheu.

ROELLE Jetzt wird es recht. Ich werde vergewaltigt.

1. MINISTRANT Du mußt jetzt schon hingehn.

2. MINISTRANT Du bist der Anfang von allem.

ROELLE Ich bin nicht vorbereitet.

2. MINISTRANT Das denkst du dir am Weg aus.

1. MINISTRANT Deine Anhänger wollen dich empfangen und deine Feinde.

2. MINISTRANT Es gibt nur den gefährlichen Weg.

1. MINISTRANT Du kannst nicht davonlaufen. Deine Olga steht draußen und renkt sich den Hals aus.

2. MINISTRANT Deine Lehrer stehn draußen. Deine Mitschüler stehn draußen.

ROELLE Dann erst recht nicht.

1. MINISTRANT Und alle wollen gesehen haben, was du ihnen verzapfst?

ROELLE Ist der Kreis mit Kreide gezogen?

1. MINISTRANT Das haben wir verschwitzt.

ROELLE Zuvor muß der Kreis mit Kreide gezogen sein, weil ich dahineintreten muß.

2. MINISTRANT Das wird alles gezogen, wenn du drin bist.

ROELLE Das soll dann was werden. Wissen die Leut, daß sie mich nicht ansprechen dürfen?

2. MINISTRANT Marsch.

ROELLE Die Hand kann man so heben. Die Hand kann man auch so heben.

1. MINISTRANT Willst du so erscheinen? Gutnacht.

ROELLE Das ist bei mir eine ungewöhnliche Körperhaltung.

Einige Schüler gehen durch.

ERSTER Wir sind von der falschen Seite gekommen.

ZWEITER Nur hier durch. Hier kann man durchgehn.

DRITTER Die halbe Schule soll da sein.

Die drei ab, einige Mädchen gehen durch.

ERSTE Da ist eine, die glaubts.

ZWEITE Das ist nicht wie bei anderen Menschen. Es heißt, die leben nicht lang.

DRITTE Geh, den sehe ich jeden Tag an der Schranne vorbeigehn.

ZWEITE Die Organe, die inneren, kommen da nicht mehr mit.

DRITTE Aber ankennen tut man ihm nichts.

Die Mädchen ab.

Ein Schüler kommt um den Wagen herum.

SCHÜLER Sie wollen nicht länger warten. Wann erscheint der seltsame Heiland?

2. MINISTRANT Wir müssen ihn dreimal um den Platz führen, damit er sich sammelt.

1. MINISTRANT Die heilige Zahl ist drei.

Schüler ab.

Protasius und Gervasius gehen durch.

GERVASIUS Ich möchte immer was sagen.

PROTASIUS Sags halt.

GERVASIUS Ich hab was erfahren. Aber wie habe ich das erfahren? Unter dem Siegel der Verschwiegenheit.

PROTASIUS Nachher ists nichts.

GERVASIUS Ich möchte es aber so gern sagen.

PROTASIUS Unter dem Siegel der Verschwiegenheit?

GERVASIUS Ja.

PROTASIUS Das darfst unmöglich verraten, sonst schlagts ein.

GERVASIUS Wer schlagt ein?

PROTASIUS Der Blitz.

GERVASIUS Das wenn ich gewußt hätte, da hätte ich mich nicht darauf eingelassen.

PROTASIUS Wie heißt jetzt das, was der Roelle heut macht?

GERVASIUS Fang mir nicht mit dem Roelle an, sonst werde ich giftig. Der gemeine Mensch mit seinem Spiritismus.

PROTASIUS Was hast gesagt? Geschwind, sags nochmal.

GERVASIUS Spi – ri – tis – mus.

PROTASIUS Aha!

GERVASIUS Aber keinen solchen, wie man ihn zum Haarbrennen hernimmt. Der kommt auf jede Viecherei.

PROTASIUS Vor einem halben Jahr hat das einer im Schäffbräu vorgemacht, daß auch einmal was geschieht auf dem Podium. Ich schätze, dem hat er's abgelurt. Es ist was mit Geister. Materialisationen, verstehst.

GERVASIUS Dann ist es mir zu hoch.

PROTASIUS Die schaun aus dem Medium raus, beim Hals schaun die raus und sagen einem, was man selber nicht weiß. Das muß man dann einfach glauben, sonst drehen einem die Geister den Kragen rum.

GERVASIUS Und das macht der Roelle nach?

PROTASIUS Vier starke Männer haben den im Schäffbräu kaum derhalten können. Diese Geister haben eine schreckliche Kraft.

GERVASIUS Und das macht der Roelle nach?

PROTASIUS Damit kann man berühmt werden. Da brauchst bloß einen von der Universität interessieren, dann macht er dich interessant.

GERVASIUS Du nimmst mich auf den Arm.

PROTASIUS Und du bist eifersüchtig auf den Knaben, das kenne ich dir an.

GERVASIUS Der Kerl wird verhaftet. Den verhafte ich jetzt.

PROTASIUS Ich bezweifle, daß das sein darf.

GERVASIUS Hast du noch nie in der Zeitung gelesen: der Täter, der Anzeichen von geistiger Umnachtung aufwies, wurde verhaftet?

PROTASIUS Hast du eine abgestempelte Fotografie?

GERVASIUS Da habe ich noch nie eine gebraucht.

PROTASIUS Ja, wenn du keine abgestempelte Fotografie hast, dann kannst du auch keinen Menschen verhaften.

GERVASIUS Wer sagt denn das?

PROTASIUS Die mußt du jederzeit herzeigen können, wenn du eine amtliche Handlung vornimmst, sonst sitzt dir die Polizei auf.

GERVASIUS Das ist was Merkwürdiges mit deiner Bildung.

PROTASIUS Und dann brauchst Handschellen zum selbsttätigen
Einschnappen, weil der auch nicht von selber mitlauft.

GERVASIUS Siehst, so gehts, den hätte ich jetzt verhaftet.

Beide ab.

Unruhe und Stimmen.

1. STIMME Wo ist unser versprochener Engel? Jetzt endlich her
mit dem Engel.

2. STIMME Wir wollen den sogenannten Engel sehn.

VIELE Her mit dem Engel. Her mit dem Engel.

2. MINISTRANT Die sind reif. Also los. Stürze dich jetzt da hinein.

ROELLE Ich kann das nicht. Ich kann das nicht.

2. MINISTRANT Du mußt.

1. MINISTRANT Ich lach mich tot. Das gibt eine herrliche Pleite.
*Die Ministranten zerren den sich Sträubenden hinter den Wa-
gen auf das Podium.*

2. MINISTRANT *unsichtbar:* Meine Herrschaften, in dieser glau-
benslosen Zeit ist es einem gewöhnlichen Schanzer gelungen,
in einen intimen Kontakt mit leibhaftigen Engeln zu gelan-
gen. Hier stelle ich Ihnen den Mann vor, den sein Engel besucht wie nichts. Ohne jeden Eintritt und nur um die Zweifler
zu erschüttern, nur um die Ungläubigen zu zerschmettern,
wird mein Mann Ihnen hier das charakteristische Himmelge-
schöpf zeigen. Ich bitte um Ihre angespannte Aufmerksam-
keit. Ich bitte darum, daß Sie mir den Mann nicht durch Zu-
rufe erschrecken, es könnte für ihn einen tödlichen Absturz
bedeuten. Die Berührung mit einem Engel ist lebensgefährlich.

STIMME Er schwitzt schon.

STIMMEN Schsch.

2. MINISTRANT Ruhe dahinten. Vollkommene Ruhe, sonst kann
der Mann nicht hypnotisieren. Es ist schwer.

STIMME Gebts eine Ruh, wenn er hypnotisiert.

2. MINISTRANT Ich sehe schon und auch Sie müssen es sehn, der
Mann wird größer. Beobachten Sie seine Verzückung, weil
in diesem Augenblick der Engel erscheint. Der Hals wird

länger, der Mann wird förmlich auseinandergezogen, er streckt sich nach dem, was herannaht und er zieht ihn herbei –

STIMME Aber wir merken ja gar nichts.

STIMME Still, es ist eine Verheißung.

STIMME Aber das sind doch Faxen.

STIMME Alles bloß Händ und Füß.

STIMME Aber der steht ja da wie ein Versager.

STIMME Das ist ein Nichtskönner. Unverschämt, uns da herzubestellen. Wofür?

STIMME Das ist eine glatte Gemeinheit.

STIMMEN Schwindler. Betrüger. Polizei.

STIMME Was der macht, das ist überhaupt ein Sakrileg.

STIMME Das ist ein Besessener. Aus dem handelt der Teufel.

STIMME So einen muß man derwerfen.

STIMMEN Steinigt ihn.

STIMME Schaut her, ob ich schmeiß.

Steine werden geworfen. Steine rollen auch unter dem Wagen durch.

STIMME Ich hab ihn getroffen. Er fällt um.

STIMME Der ist tot.

STIMME Alles bloß Gaukelei.

Einige Schüler rennen durch.
Olga versucht, ihn wegzuziehen.
Pause.

5. Bild

Altane zwischen den Dächern bei Berotter. Es wird Wein ge-
trunken. Roelle mit verbundenem Kopf, es kommt Blut durch.
Olga, Clementine, Christian, Peps, Hermine.

PEPS Vielleicht hat er sich die Hörner jetzt abgestoßen.

HERMINE Das tut er nicht. Er wird eher noch ärger.

ROELLE Bei mir ist das eben anders. Ich hebe mich aus der
Masse heraus.

PEPS Kommen Sie dann nicht zu mir, wenn Sie pfeifen auf dem
letzten Loch.

ROELLE Es hat sich gezeigt, daß ich meine Anhänger habe.

PEPS Mehr Feinde wie Anhänger.

ROELLE Und das ist noch gar nichts. Ich weiß mir einen, bei dem
darf ich bloß in die Nähe hingehn und meinen langsamen Ti-
gerblick auf ihn werfen, dann wird er käsweiß.

CHRISTIAN Den lasse ich mir auch vorstellen.

ROELLE Ich bin jeden Tag gefaßt, daß er sich anschmeißt.

CHRISTIAN Ha –!

ROELLE Du kannst ja hingehn und fragen. Der Crusius.

CHRISTIAN Nie.

ROELLE Wo hast du denn deine Augen im Kopf?

CHRISTIAN Der Crusius sagt aber anders.

ROELLE Der Crusius hat vor mir einen Kniefall getan und mich
um Verzeihung gebeten, weil er mich verkannt hat.

CHRISTIAN Das gibt es nicht.

ROELLE Er hat gesagt – Roelle, Mensch, Gnade hat er gesagt.
Da warst eben du nicht dabei.

CHRISTIAN Warum hast du dir dann deinen Schmöker nicht
wiedergeholt, wie er ihn dir saukalt herausgenommen hat aus
deinem Bücherpult?

ROELLE Da hat er noch lang nicht geahnt, mit wem er es zu tun
hat.

OLGA Das muß der Roelle schon besser wissen. Du warst nicht
dabei.

Christian setzt sich weg.

HERMINE Überspannt.

PEPS Und dabei ist es eine so schöne Nacht, in der ich mich vollaufen lasse. Prost.

CLEMENTINE Der Christian muß sich absondern.

CHRISTIAN Neben dich mag ich mich nicht setzen.

CLEMENTINE Ich bin nämlich giftig.

ROELLE Die Olga hat mich verstanden. Ich habe mir ein Loch in den Kopf schmeißen lassen.

CLEMENTINE Hat jetzt das sein müssen?

ROELLE Wer es fassen kann, fasse es.

OLGA Das ist bei der Clementine der Neid.

CLEMENTINE Wegen dir hat er es nicht getan. Das war ganz die eigene Wichtigkeit.

ROELLE Zu mir kommen Engel. Aber sie kommen nur in der Versenkung. Sie gehn nicht auf den Markt.

OLGA Das wissen die bloß nicht.

HERMINE Wir glauben nicht daran.

OLGA Ihr seid die Verstockten. Ihr werdet schon sehn, wie es euch einmal geht.

HERMINE Wie wird es uns etwa gehn?

PEPS Wir gehören zu denen, die sich nicht angstmachen lassen.

OLGA Und ich glaube an Engel.

PEPS Da haben Sie was angestellt, Roelle.

OLGA Und ich biege meinen kleinen Finger nicht ab, ohne daß ich vom Himmel beobachtet werde.

PEPS Das möchtest du, was?

CLEMENTINE Und ich darf die Teller allein abspülen.

HERMINE In der Messe haben wir dich nicht gesehen.

OLGA Ich kapriziere mich auf keinen äußerlichen Ort.

CLEMENTINE Wird dem Roelle das nicht bald über, wie die Olga ihm alles nachsagt?

OLGA Mein Roelle ist unbeirrbar.

CLEMENTINE Sag nicht immer dein Roelle.

OLGA Ich weiß, was ich weiß.

HERMINE Überspannt.

46

CLEMENTINE Ich will gar nicht verraten, wie dein Roelle sich über dich ausgelassen hat. Das sagt er dir nicht ins Gesicht.

ROELLE Sie will mir die Ehre abschneiden.

CLEMENTINE Auch wenn er es hinterher dann nicht zugibt.

ROELLE Wann habe ich kritisiert? Das will ich jetzt wissen.

CLEMENTINE Wenn er so nahe herschaut, geht das nicht bei mir.

ROELLE Denken Sie lieber vorher nach, wenn Sie was sagen.

OLGA Ohrenbläserin.

CLEMENTINE Wer ist jetzt Ihre Richtige, das muß ich schon wissen.

OLGA Clementine, du bist doch keine, die wem nachlauft, der dich nicht anschaut.

CLEMENTINE Ich weiß schon, weil ich rauhe Hände habe, weil ich ins kalte Wasser langen muß. Da möchte ich die Olga sehn.

CHRISTIAN Schön hat er dich hergerichtet.

CLEMENTINE Ich mag nicht mehr. Immer die Olga. Die Mama, wie sie noch am Leben war, hat dich auch immer vorgezogen.

CHRISTIAN Still jetzt, wenn Fremde dabei sind.

HERMINE Ich bin keine, die was weitersagt.

CLEMENTINE Die wollen mich alle verfolgen, der Christian und die Olga und die anderen. Jetzt will ich reden. Gymnasium und so, das hat es bei mir nicht gegeben.

PEPS Das hat noch gefehlt.

CLEMENTINE Sie wollen ein feiner Herr sein. Ich habe das Namenstagservice genommen mit Goldrand, aber Sie haben es nicht gemerkt. Ich kenne die Olga. Was ein rechter Mann ist, der will eine Taille. Der Roelle hat keinen Geschmack. Ich habe meine ganze Aussteuer beisammen.

CHRISTIAN Mach daß du weiterkommst. Schwing dich.

CLEMENTINE Ich will einfach weinen. Das lasse ich mir nicht nehmen. Ich weine jetzt.

OLGA Komm, Clementine. Wir waschen dir dein Gesicht ab. Die brauchen dich nicht so zu sehn.

CLEMENTINE Mir ist jetzt alles gleich. Ich bin mein eigener Mensch. Ich bleibe für mich.

OLGA Du kommst jetzt mit.

CLEMENTINE Weinen darf ich auch nicht. *Ab mit Olga.*

PEPS Hat Sie was mit einer Gabel am Blähhals gestochen?

ROELLE Bei so einer kann das schon der Verrat sein. Sie tut einen Schritt und lebt schon im Bösen.

PEPS Wer tut das nicht? *Olga und Clementine kommen zurück.*

OLGA Die wissen, daß der Roelle bei uns ist. Wie wir Licht gemacht haben im Wohnzimmer, haben sie uns von der Straße her Namen heraufgeschrieen.

CHRISTIAN Das ist eine Gemeinheit.

ROELLE Es sind meine Widersacher.

CLEMENTINE Ich geh heut nicht mehr vorn heraus. Die werfen uns noch die Fenster ein.

PEPS Die werden sich schon verziehn.

OLGA Ja wissen denn die, was sie tun?

HERMINE Das hast du von deinem Roelle.

ROELLE Ihnen geschieht nichts.

CLEMENTINE Stehen Sie nicht da, als wären Sie bei uns daheim. Es ist besser, einer wie Sie geht jetzt fort.

ROELLE Man kann mich nicht hinausjagen wie einen Hund. Ich habe mir ein Loch in den Kopf schmeißen lassen.

PEPS Und die Olga in jedem Mund herumgezogen.

CLEMENTINE Wer hat es Ihnen geschafft?

ROELLE Ich habe mir ein Loch in den Kopf schmeißen lassen.

HERMINE Legen wir drei Finger hinein.

PEPS Er hat eine Wunde, das ist sein Argument.

ROELLE Was wissen denn Sie, um welche empfindlichen und feinfühligen Glieder es sich bei mir handelt.

PEPS Das wollen wir alles nicht wissen. Nämlich wir können so einen nicht brauchen.

ROELLE Jetzt wird es recht. Ich werde totgeschwiegen.

OLGA Ach, das hängt mir einmal zum Hals heraus. Mit dem kann ich mich auch nicht ewig abgeben.

PEPS Wenn du es nur spannst.

ROELLE Das ist eine Ungerechtigkeit, wie sie konstant an mir vorbei auf einen fernen Punkt schaut. Ich bin krank.

PEPS Haben Sie es nicht mitgekriegt? Wir wollen hier keine Kranken.

CLEMENTINE Aber der wird ja ganz grün.

CHRISTIAN Wenn dir was fehlt, gehst du heim.

ROELLE Allein finde ich nicht. Ich bin schwindlig.

HERMINE Jetzt wären Sie doch froh, wenn Ihnen jemand von hinten den Kopf hält.

ROELLE Das mache ich nicht mehr lang.

OLGA Legen Sie sich hin, wenn Ihnen schlecht wird.

CLEMENTINE Nein, tut ihn weg. Tut ihn mir aus den Augen.

OLGA Ich nicht.

HERMINE Bei dem mögen wir nicht zupacken.

PEPS Er hat Blut verloren. Vielleicht war es zuviel.

CLEMENTINE Aufsitzen, Sie da! Sitzen Sie doch einmal auf.

ROELLE Ich bin nicht hergekommen, damit Sie ein Gemüt haben für mich.

CLEMENTINE Ich kann den Mann nicht mehr riechen!

ROELLE Ich habe meine Traurigkeit, ich muß mich deswegen immer wehren. Seht, ich bin unter anderem ein Wasserscheuer, ich kann nicht hineingehn. Ich muß mir die Hand vorhalten, wenn das Wasser an meinen Leib steigt.

OLGA Das hat mich jetzt direkt abgestoßen.

HERMINE Ich halte mir den Bauch vor Lachen.

ROELLE Wenn die nicht auf mich schaut, dann lasse ich sie einfach nicht aufs Land.

PEPS Sie haben ja gar nicht das Geld.

ROELLE Wer will, der mag? *Zeigt.*

PEPS Das haben Sie Ihrer Mamma aus der Ladenkasse gestohlen.

ROELLE Das ist nicht gestohlen. Überhaupt ist das bei mir daheim.

PEPS Das heißt man den fortgesetzten Diebstahl.

OLGA Und Sie gehen zu mir her und lassen mich ein Geld annehmen, das gestohlen ist?

CHRISTIAN Da hat er sich nichts davon merken lassen.

OLGA Das trage ich aber Ihrer Mamma hinüber.

ROELLE Dann sage ich, das waren Sie, der wo es heraus hat aus der Kasse. Das glaubt mir meine Mamma sofort.

OLGA Ich breche meine Beziehungen ab, für mich sind Sie kein Umgang. *Geht.*

ROELLE Das ist auch so ein Satz für den Umgang mit Menschen. Das kenne ich.

OLGA Wissen Sie, mit wem Sie reden? *Bleibt stehen.*

ROELLE Ich gehe einfach wieder zu Ihnen hin. Sie sind auch nicht anders wie ich.

OLGA Ich bin viel besser.

ROELLE Wie haben Sie's denn gemacht, wie Sie sich hingestellt haben vor mich, ob das bei mir ein Anfall wird.

OLGA Weil ich solche Menschen sammle.

ROELLE Von Ihnen aus hätte ich krepieren können auch.

OLGA Für mich sind Sie kein Mensch. Sie haben nicht die Nerven dafür.

ROELLE Das mit den Nerven habe ich selbst aufgebracht und das bringe ich wieder weg.

OLGA So? Also dann fehlt Ihnen gar nichts?

Protasius und Gervasius treten auf.

PROTASIUS Das wird wieder eine Unmäßigkeit im Essen und Trinken.

PEPS Wer hat Sie hereingelassen?

PROTASIUS Ich soll hier eine Art Spediteur vorstellen für den Erkrankten.

GERVASIUS Ich bin der andere. Ich helfe beim Tragen.

ROELLE Ich lasse mich nicht wegtragen.

PROTASIUS Sie sind hier nicht so isoliert, wie Sie denken.

GERVASIUS Wir erreichen Sie bequem.

ROELLE Hier ist niemand krank.

PROTASIUS Das erquickt mich aber dann außerordentlich, daß sich die Geschichte gehoben hat.

GERVASIUS Wie kommt es, daß Sie bluten am Kopf?

ROELLE Ich bin nicht der, den ihr sucht.

PROTASIUS Sie sind eine verdammte Herausforderung.

ROELLE Ich habe mich losgesagt. Ihr müßt mich schon lassen.

PROTASIUS Uns entrinnen Sie nicht. Wir kommen geflogen. Wir kommen geschwommen. Nicht doch. Aber doch nicht mit Gewalt.

GERVASIUS Laßt leben die Insekten, auch wenn sie euch stechen.

PROTASIUS Sie werden keine Leiche wollen im Gulli.

ROELLE Ich lasse mich nicht verschleppen. Ich gehe nicht mit. Ich gehe euch nicht in die Falle.

PROTASIUS Sie müssen es freiwillig tun.

ROELLE Ich werde euch nie wieder folgen.

PROTASIUS Wir wissen zuviel. Habe ich dir schon erzählt, Bruder, wie du das Geschlecht von deinen Nachkommen regeln kannst?

GERVASIUS Ich will keine Kinder und du bist nicht mein Bruder. Du bist nur mein Quälgeist.

PROTASIUS Den brauchst du. Wenn du nicht willst, werde ich es diesem Herrn erzählen, der nicht so grob zu mir ist und von dem ich höre, daß er heiraten wird.

PEPS Mich würde es interessieren.

PROTASIUS Ich sage es kurz und intim: du bist richtig scharf auf deine Alte und dann wird es ein Mädchen. Nämlich du besuchst sie zu oft. Ein Knabe wird es nur nach der längeren Enthaltung. Mit der Enthaltung regelst du das Geschlecht.

PEPS Wer hat das herausgefunden?

PROTASIUS Das ist eine Beobachtung von einem denkenden Mann und seine eigene Erfahrung. Ich gebe sie nur weiter.

PEPS Ich bin bekehrt. Darauf wollen wir einen heben.

PROTASIUS Freiwillige Bekehrungen würde ich hinstellen als ein Zeichen von geistiger Gewandtheit. Ohne die geistige Gewandtheit, sage ich, ist der Mensch überhaupt verloren. Ich zum Beispiel, wenn ich geistig nicht so gewandt wäre, wie stünde ich denn da? Man könnte aus Ernährungsgründen schon bald durch mich hindurchsehen. Das ist aber nicht der Fall.

ROELLE Jetzt salbt er euch ein. Das ist schon der erste Schritt.

PROTASIUS Habe ich dir schon erzählt, Bruder, daß ich mich mit der Absicht trage, mir einen Hut auf Abzahlung zu kaufen? Weil die Klienten mir immer so nachdenklich auf den Kopf schaun und da bin ich defizil.

GERVASIUS Ich hoffe, du tust es endlich.

PROTASIUS Den Rand kann ich bis jetzt schon einmal hinlegen in bar. Das nächste Mal geht es mehr in die Höhe zu. Ich sage überhaupt, für mich brauchts keine so breiten Ränder, ich schaue mehr auf das Material. Komm, Bruder.

GERVASIUS Ich bin nicht dein Bruder. Ich habe es satt. Die Stadt hat mir nichts mehr zu bieten. Ich bin durch das Meiste hindurch.

PROTASIUS Dafür hältst du dich ganz schön lang.

GERVASIUS Du kannst mich nicht ausdenken, du Schnüffler.

PROTASIUS Du bist selber schuld. Du bist farblos. Du ödest mich an. Du wirst alt. Dir fällt nichts mehr ein. Nach dir kräht kein Hahn mehr.

GERVASIUS Ihr habt mich ausgesogen wie die Vampire. Dann habt ihr mich fallen gelassen.

PROTASIUS Du bist wie der Schmutz am Weg. Man sieht dich nicht mehr. Du bist zu gewöhnlich.

GERVASIUS Ihr habt euch von mir genährt. Und dann werft ihr mich weg.

PROTASIUS Wir haben dein Mark. Du bist herabgesunken zu einem ganz gewöhnlichen Schleicher.

GERVASIUS Ihr habt mir jeden Anreiz genommen. Ich fühle mich leer.

PROTASIUS Nur was du dir selber nimmst, gilt. Aber du nimmst dir nichts mehr.

GERVASIUS Ich nehme noch immer die Knaben.

PROTASIUS Die brauchen nicht deine Reste. Mit dir ist es aus aus aus. Du hängst dich am besten auf. Komm, halbe Leiche.

GERVASIUS Ich bin auch nicht deine Leiche.

Protasius und Gervasius ab.

PEPS Diese Männer sind mir nicht geheuer.

HERMINE Ich sehe schon nicht mehr richtig. Vielleicht waren die Männer nicht einmal da.

ROELLE Mit denen darf man sich nicht einlassen, das weiß ich. Von denen bleibt man besser weg.

CLEMENTINE Ist Ihnen wer Schüchterner lieber?

ROELLE Ich habe es nicht mit den allgemeinen Fragen.

CLEMENTINE Wissen Sie, wie man einen Menschen bekehrt, wenn er aber recht defizil ist?

ROELLE Wie oft habe ich mir das schon vorgenommen. Wie soll das bei einem anderen was werden, wenn es bei mir selber nicht geht? Und ich bin doch die betreffende Person.

CLEMENTINE Wenn wir zwei aber fest zusammenhalten?

ROELLE Wenn man wo drin ist und ich sage, da ist man schon immer drin gewesen, so daß man sich wohl hinauswünschen kann, und kann sich aber nicht vorstellen, wie das ist an einem anderen seelischen Ort –

CLEMENTINE Warum sind Sie auf einmal still?

ROELLE Von außen kann einen das nicht ankommen. Die richtige Hilfe muß schon in einem drin sein. Und bei mir ist sie eben nicht drin. Es heißt auch, daß ist eine Strafe in der Generation.

CLEMENTINE Da muß man hinwarten können. Das bildet sich langsam.

ROELLE Probieren Sie es nur einmal mit dem Beichten. Man beichtet immer wieder das gleiche. Ich glaube jetzt schon lang nicht mehr an eine Bewegung nach oben. Vielleicht wäre es da noch besser, wenn man ganz was Schlechtes tut. Zum Beispiel stehlen. Und sich fühlen, weil man gestohlen hat, und weil man gegen wen anging. Und überhaupt keine Angst deswegen haben.

CLEMENTINE Haben Sie wirklich gestohlen?

ROELLE Aber wenn ich mich dann hineinversenke, wer einer in Wirklichkeit ist, dann möchte ich lieber gleich ganz aus so einem schrecklichen Leben hinausgehn. Ich will es widerrufen.

CLEMENTINE Das kann man nicht, was widerrufen. Wenn man was getan hat, dann wird einen das immer begleiten, und ich sage, es blickt einen an.

ROELLE Das ist die größte Ungerechtigkeit.

PEPS Ich komme zu dir mit meiner Verdauung.

HERMINE Dann ist er wieder wie verklärt.

CLEMENTINE Jetzt wird nichts wie getrunken.

HERMINE Das muß man sich einfach in den Hals gießen.

ROELLE Ist Ihnen auch immer so heiß?

CLEMENTINE Das kommt von der amerikanischen Hitzewelle.

HERMINE Der Mensch hat fünf Zehen und einen Kopf. Der
Mensch hat fünf Zehen und einen Kopf.

CLEMENTINE Aber der Mensch hat zehn Zehen.

HERMINE Der Mensch hat zehn Zehen und einen Kopf.

OLGA Clementine, du machst jetzt langsam.

CHRISTIAN Ich tue nicht mehr mit, wie sich die Hermine be-
nimmt.

HERMINE Ich bin doch kein Krokodil, ich bin doch kein Krokodil.

PEPS Und alles wird immer grauer.

ROELLE Ich nehme die Clementine mit, wo es finster ist.

CLEMENTINE Laßt du deine Tochter einmal aufs Gymnasium
gehn?

ROELLE Ich lasse mir keine Litanei vorbeten. Von euch ist keine
heilig.

CLEMENTINE Wir brauchen die Olga nicht. Beim Sternenschein.

ROELLE Wie haben wir es dann mit deiner angeblichen Unschuld? Mir kannst du es sagen.

CLEMENTINE Darüber spricht man nicht.

ROELLE Das treibt man. Sie wird die gleiche sein wie die Olga.

CLEMENTINE Du wirst es erwarten können.

ROELLE Sie müssen einen so weit bringen, dann verlegen sie
sich auf die Unschuld.

CLEMENTINE Christian, er zwickt.

CHRISTIAN Das bittest ihr ab.

ROELLE Es ist bloß, was ihr gehört. Ich habe diejenige Meinung.
Ich kenne schon deine Wünsche.

CLEMENTINE Hier will er mich verleumden.

ROELLE Tu dich nicht so weit davon weg. Das kennt man.

CLEMENTINE Warum bist du mir dann nachgegangen und warst

54

mit der Olga beleidigt? Du hast mich auf dem Glauben gelassen, es ist deine Liebe.

ROELLE Ich bin nicht schuld, wenn du so dumm bist.

CLEMENTINE War es immer auf die andere abgesehen und mich hat er vorgeschoben? Jetzt soll er was erleben. Er hat gedacht, bei mir macht es nichts. Du kennst mich nicht. Für dich kann ich mir was erfinden.

CHRISTIAN Mit dem machen wir ein abschreckendes Beispiel. Das will ich schon lang.

CLEMENTINE Wir stecken ihn ins kalte Wasser.

ROELLE Das könnt ihr nicht mit mir tun.

PEPS Und Feindschaft sei gesetzt zwischen dir und dem Wasser.

HERMINE Jetzt haben wir was. Jetzt können wir ihm an.

CLEMENTINE Es muß ihn wer aufhalten. *Ab.*

CHRISTIAN Der weiß schon, daß er uns nicht auskommt. Wir stellen uns hin.

ROELLE Ich will nicht, ich will nicht.

CHRISTIAN Blödes Gestell!

CLEMENTINE Ich bin da mit meinem Schaff. Die Schuhe kommen ihm herunter.

PEPS Von dem läßt sie sich nichts abschaun in ihrer Glorie.

CLEMENTINE Den andern auch.

HERMINE Warum nicht noch mehr?
Sie beginnen ihn zu entkleiden.

ROELLE Ich bin euch nie wieder gut.

CHRISTIAN Davon fällt dir keiner tot um.

ROELLE Ich sage der Olga nichts nach. Ich habe es zum Teil widerrufen.

HERMINE Das geht jetzt in einem hin.

ROELLE Ich habe meinen Schutzengel mitbekommen. Und damit nicht an einen Stein stoße dein Fuß.

OLGA Sie meinen, die Olga hilft. Die Olga hilft nicht.

ROELLE Ich nehme meine Zuflucht zu Ihnen.

OLGA Packt ihn.

ROELLE Auf was für einer Erde bin ich?

OLGA Auf der deinigen, wo dein Nächster nichts darf wie verrecken.

ROELLE Ich will bekennen. Ich muß was bekennen, was wichtig ist.

CHRISTIAN Was?

ROELLE Ich bin ein schlechter Mensch.

CLEMENTINE Das wissen wir.

ROELLE Ihr seid schlechte Menschen.

HERMINE Das wissen wir auch.

CHRISTIAN Dein Tod wird es nicht sein. Mensch, es ist Wasser.

ROELLE Halt! Ich will es selber tun.

CLEMENTINE *drückt ihn hinein:* So, da sitzst du.

ROELLE Die Olga soll wegschaun.

PEPS Sie kann ihm immer noch an.

Ernüchterung. Sie geben ihm seine Kleider.
Clementine zieht das Schaff weg.
Die Clementine hat sich am meisten vergeben.

CLEMENTINE Am ganzen ist die Olga schuld.

CHRISTIAN Wegen dir muß man so dastehn vor sich selber.

OLGA Wir wollen Sie nicht weiter aufhalten in der Umgebung. Sie werden gern gehn.

ROELLE Ich war nackt und ihr habt mich nicht bekleidet. Ihr habt mich mit Hohn übergossen, und jetzt blickt es euch an.

OLGA Ach, daß wir in eine Welt der Gemeinheit fallen mit jedem Tag, wie wir in diesen Leib gefallen sind und wir haben ihn an uns.

BEROTTER *kommt:* Gehn Sie schon weg, Herr Roelle?

ROELLE Ich habe einen Pullover gehabt.

BEROTTER Jetzt will der auch weg. Schaut mich an, Kinder, ob was ist an meinem Anzug. Vom Café Ludwig bin ich wieder heimgegangen. Da sind sie ganz eigentümlich von mir abgerückt und einer nach dem anderen ist aufgestanden und hat gezahlt. Ist denn was gewesen?

OLGA Vater, ich muß dir was sagen. Ich bekomme ein Kind.

BEROTTER Mensch. *Stürzt.*

PEPS Das ist traurig mit einer Tochter.

HERMINE Hilft mir wer halten.

CLEMENTINE Wir gehen jetzt hinein ohne die Olga.

OLGA Jetzt kriegt er wieder den Anfall.

PEPS Ich begreife, daß sich der Mann heut nicht durchsetzt.

OLGA Ihr braucht nicht hinter mir her zu sein. Ich geh in die Schütt. *Ab.*

6. Bild

Donau-Auen. (Protasius, Gervasius.)

PROTASIUS Die Berotter Olga ist ins Wasser gegangen zu ihrer größeren Ehre. Aber der Roelle in einer unbegreiflichen Anwandlung hat sie herausgezogen.

GERVASIUS Allerhand.

PROTASIUS Das ist dem Knaben sogar gelungen. Er hat sie heil aus dem Wasser gebracht und sich selber auch.

GERVASIUS Ich hätte es ihm nicht nachmachen mögen. Das ist nichts für mich. Mich schaudert.

PROTASIUS Ich stand am Ufer. Das letzte Stück habe ich sogar mitgezogen. Hier war ich Mensch.

GERVASIUS Ich bekomme Bauchweh, wenn ich es höre.

PROTASIUS Hinterher hat sie uns beide beschimpft.

GERVASIUS Das ist der Dank.

PROTASIUS Sie hat sich ersäufen wollen, damit sie heraus ist aus allem, aber der Roelle hat es nicht zugelassen. Das trägt sie ihm nach.

GERVASIUS Kein Sinn für Wirklichkeit. Wie leicht wäre unsereinem dabei was passiert.

PROTASIUS Wir dürfen eben das Gute nicht tun. Es ist mir noch immer mißraten.

GERVASIUS Es paßt nicht für uns.

PROTASIUS Es ist uns nicht aus dem Gesicht geschnitten.

GERVASIUS Es geht automatisch daneben.

PROTASIUS Ein kleiner Lapsus und so leicht zu vermeiden.

GERVASIUS Solche wie wir holen das schon wieder auf.

PROTASIUS Dafür habe ich meine Rubrik in der Zeitung untergebracht. Ich werde jetzt schriftlich.

GERVASIUS Dich werden sie gerade dort brauchen.

PROTASIUS Sag das nicht. Ich habe ein gewölbtes Hirn und das ist ein sicheres Zeichen.

GERVASIUS Die werden dich bald zum Teufel jagen.

PROTASIUS Da gehe ich also auf den nüchternen Magen in die

Redaktion für Lokales. Da sitzt nämlich einer drin, der weiß nie im voraus, wo er die Nachrichten hernimmt für seine Rubriken. Ich spekuliere, der Mann wird sich mir dankbar erzeigen, aber er schreibt und schreibt. Endlich schaut er doch einmal auf, so daß ich ihm die Zähne lang machen kann. Ich sage, von dem nächtlichen Vorkommnis in der Schütt sind Sie halt nicht unterrichtet, aber meine Wenigkeit war dabei. Und da wäre das Hingeschriebene, sage ich, Unterschrift ein Lebensretter. Der bin ich, sage ich, mit noch einem anderen.

GERVASIUS War er dankbar?

PROTASIUS Schon. Aber das muß sich erst noch rentieren.

GERVASIUS Hast du die Namen genannt?

PROTASIUS Das ist ja das Schöne bei der Zeitung, daß man auf den Betreffenden hindeuten darf und der Betreffende kann gar nichts machen. Die Zeitung ist schon heraus.

GERVASIUS Das ist zuwider genug für die Berotter.

PROTASIUS Das sage ich auch, wenn man sich so liest. Ich werde mich einnisten bei dem Mann für Lokales und auch dort den Zuträger markieren.

GERVASIUS Aber nie mehr als Lebensretter.

PROTASIUS Ich muß mich erhalten wegen meinen Berichten. Ich mache überhaupt keine großen Bewegungen. Das ist bei mir alles mehr innerlich. *Protasius und Gervasius ab.*

Crusius, erster Schüler und Roelle kommen von einer anderen Seite.

CRUSIUS Du vergißt, daß du für deine ehemaligen Mitschüler vogelfrei bist.

ROELLE Ich habe dir Geld gegeben. Jedesmal wenn ich dich treffe.

CRUSIUS Sag bloß nicht, du willst mich damit kaufen.

ROELLE Ich will dir nicht zu nahe treten. Aber du mußt doch was für mich tun.

CRUSIUS Ich lasse mich schon herab, wenn ich es nehme.

ROELLE Aber ich muß es meiner Mamma aus der Kasse stehlen. Für mich ist das ein Problem.

CRUSIUS Du drängst es einem ja auf.

ROELLE Ich habe eben geglaubt, daß es was hilft.

ERSTER Wir mögen dich eben nicht. Du bist nicht wie die anderen.

ROELLE Wie soll ich denn sein?

ERSTER Was ist dem für eine Physiognomie über den Vorderkopf geronnen? Wie er bloß seine denkwürdigen Flossen hält, das erbittert mich einfach. Ein Mann ist sich auf diejenige Weise nicht zur Zierde da.

ROELLE Davon weiß ich überhaupt nichts. Ich weiß nicht, wie ich sie halte. Ich würde es ändern, bestimmt. Ich merke es doch nicht.

ERSTER Hilft nichts. Du kannst nicht aus deiner Haut.

ROELLE Ich bin nicht gern vogelfrei. Ich tue alles, damit ihr mich wieder aufnehmt.

CRUSIUS Wirklich alles?

Roelle nickt.

ERSTER Aber das geht nicht so schnell.

ROELLE Aber ihr nehmt mich doch einmal auf?

CRUSIUS Ich tue so schon, was ich kann.

ERSTER Wir sind eben nicht geneigt. Wir sagen, daß du kein Mann bist.

ROELLE Ich bin der Vater.

CRUSIUS Das habe ich ihnen schon gesagt. Aber sie haben es nicht so gern.

ROELLE Was ist daran auszusetzen? Das kann jedem passieren.

ERSTER Ein Weiberknecht ist er geworden. Das ist schon was, um sich hervorzutun.

ROELLE Sie frißt mir aus der Hand.

ERSTER Davon müßtest du uns schon eine Probe zeigen.

ROELLE Soll ich euch das Mädchen vorführen, wo ihr es ihr einmal geben könnt? Für mich ist es eine Kleinigkeit. Ich winke.

CRUSIUS Mit der Berotter an und für sich habe ich nichts. Aber du, was bist denn du für einer?

ROELLE Weil ihr mir immer nicht glaubt.

CRUSIUS Würdest du vor ihr ausspeien in meiner Gegenwart, wenn du dich damit loskaufen kannst?

60

ROELLE Wirst du dich neben mich setzen und mein Brot bre-
chen?

CRUSIUS Du wirst wie einer von uns sein.

ROELLE Ich muß mich loskaufen. Es geht schon nicht anders.

CRUSIUS Du bist schon der, für den ich dich halte.

ROELLE Ihr wollt es nicht besser.

ERSTER Daß es das gibt. Dann läßt sich die Berotter von dir alles
bieten?

ROELLE Die weiß warum.

ERSTER Sie hat immer so gescheit getan. Jetzt hat sie ein Kind
von einem, wie du bist.

ROELLE Das ist gesagt. Ich bin der Vater.

ERSTER Du hast dich gewaschen, wenn du mir was aufbindest.

ROELLE Ich lüge nicht.

CRUSIUS Jetzt glaube ich bald daran, daß er weint.

ROELLE Ich bin mir widerwärtig. Ihr zieht einen hinunter.

CRUSIUS Hast du noch was drin da? Einreiben! Jedesmal, wenn
wir uns treffen, bekomme ich mein Geld. *Er nimmt es sich.*

ROELLE Ich denke, du vergibst dir was, wenn du es nimmst.

CRUSIUS Und behaupte nicht hinterher, ich nehme dich aus.
*Von weitem Hetzjagd auf Olga, die sich ein paar Tage im
Freien herumgetrieben hat. Pfiffe, Rufe: Aufhalten! Ein paar
Schüler laufen in die Szene.*

SCHÜLER Die Gymnasiasten haben sie abgefangen.

CRUSIUS Hörst du? Jetzt ist es so weit. Du brauchst sie uns nicht
einmal bringen.

ERSTER Geh nur gleich mit hin an meiner grünen Seite. Jetzt
beweise dich als der Mann, wie du immer tust.
Neue Schüler laufen herein.

SCHÜLER Jetzt wird sie ausgestoßen. Da stellen wir uns hin.
*Andere Schüler treiben Olga auf die Szene und kreisen sie
dann ein. Wenn Olga sich durchdrängen will, wird sie zurück-
gedrängt.*

ERSTER Hier kann man nicht durchgehn, Jungfrau.

ZWEITER Jetzt kannst du sie dir genau anschaun.

DRITTER Sind Sie wieder trocken von der Donau?

ERSTER Die Berotter Olga hat ein Weps gestochen.

OLGA Geht einer weg. Ich muß durch.

DRITTER Wollen Sie zum Herrn Papa, dem Sie durchgebrannt sind, daß es die ganze Stadt weiß?

ERSTER Der türkische Honigemil heiratet eine jede, dann müssen Sie nicht lang in der Zeitung suchen.

OLGA Ihr müßt mich schon durchlassen. Auf euch habe ich keinen Haß.

DRITTER Auf wen denn?

ZWEITER Mir scheint, sie will uns nichts tun. Das ist das große Herz.

OLGA Schaut lieber, daß ihr heimkommt.

DRITTER Von Ihnen haben wir es nötig.

OLGA Wie seid ihr zu mir?

ERSTER Das ist dem Roelle seine.

ZWEITER Der graust vor gar nichts.

ERSTER Sie wird ausgestoßen wie er selber. Sie sollen nur sehn, was sie aneinander haben.

ZWEITER Vielleicht hat sie ihn gar nicht so gern.

DRITTER Sie hat sich stechen lassen oder nicht?

ERSTER Von jetzt an werden Sie immer allein sein. Keine Freundin darf Sie begleiten.

DRITTER Jede soll sich fürchten, wenn sie mit Ihnen geht.

ZWEITER Und das bleibt immer an Ihnen hängen.

ERSTER Lassen Sie sich bloß nicht mehr lang hier blicken.

OLGA Dazu habt ihr kein Recht.

ERSTER Wir nehmen uns eben das Recht.

CRUSIUS Ausspucken muß man vor Ihnen. Jetzt werden wir zwei konfrontieren. *Er zerrt den Roelle vor Olga.*

OLGA Was hat der schon wieder ausgeheckt?

CRUSIUS Schau auf zu deiner Speziellen, ob es der nicht graust.

OLGA Du hast mich zu dir heruntergezogen.

ROELLE Zieh du mich hinauf.

OLGA Kralle dich nicht ein da unten.

ROELLE Das sind die einzigen Füße, wo es mich hinlegt. Hier will ich liegenbleiben. Sie brauchen auch keinen Kniefall tun.

Alles ist Ihnen erlassen.

OLGA Ich gehöre nicht ihm. Er läßt mich nicht aus. Ihr seht es ja selber. Tut ihn weg. Ich will ihn nicht haben.

ERSTER Langsam kommen mir Zweifel.

ROELLE Ich bin nicht der Vater. Das ist die Wahrheit.

CRUSIUS Du hast es dir aus den Fingern gesogen. Na wart.

DRITTER Was der schon die Menschen derlogen hat, das geht ins Aschgraue.

ROELLE Ich will es nie wieder behaupten.

CRUSIUS Was du bis dahin kennengelernt hast, war nur ein schwacher Anfang.

OLGA Deswegen hat er mich aus dem Wasser gezogen, weil ich ihm noch nicht genug ausgestanden habe, und jetzt ist er so. Er hat mich nicht herausgelassen aus der Not. Das ist alles ausgedacht mit einer Genauigkeit. Hättest mich schwimmen lassen und das Wasser läuft in meine Zähne. Ich habe gewußt, warum ich dir hineingegangen bin. Alles wäre vorbei und du auch.

ERSTER Sie ist nicht die Seine. Dann haben wir nichts mit ihr zu schaffen.

ZWEITER Sie können ein Balg haben von jedem anderen, das geht uns nichts an. Aber lassen Sie sich nicht mit dem ein. Sonst trifft es Sie auch.

CRUSIUS Er hat alle zum Narren gehalten. Das muß gleich den anderen gesagt werden. Los!

DRITTER *im Abgehn zwischen Olga und Roelle:* Was du bis dahin kennengelernt hast, war nur eine schwache Vorbereitung, bis dir erst anders wird. Eine Andeutung, wie es ungefähr dem Jüngling ergehen kann.

Die Schüler und Crusius ab.

OLGA Es ist eingetroffen und ich habe ihn gesehn unter den Seinen, jawohl.

ROELLE Nicht weggehn, ich schreie.

OLGA Schreien Sie.

ROELLE Hier halte ich mich fest. Da – habe ich ein Messer. *Gibt es ihr.* Stoßen Sie zu, daß es mir die Augäpfel endgültig nach oben dreht.

OLGA Vernichtung.

ROELLE Erlösung.

Olga schwankt, wirft aber das Messer weg.

OLGA Auf einem Berg von Ekel haben wir uns zwei Gesichter aufgerichtet, daß sie einander ansehn müssen in Ewigkeit.

ROELLE Können Sie mir denn kein einziges Mal eine Erleichterung verschaffen?

OLGA Nehmen Sie Ihre bösen Wünsche weg von meinem Gesicht, worein sie verbissen sind.

ROELLE Hinknien!

OLGA Nein.

ROELLE Wart, dir geh ich an die Drossel. Jetzt schreist du mir.

OLGA Nein.

ROELLE Einmal eine Anerkennung, tus. Ein schöner lieber Roelle gewesen, nachsagen. Bloß nicken mit dem Kopf. Nicht einmal nicken, nichts tut sie. Roelle, was willst?

OLGA In meinen Augen ist die einzige Entschuldigung für Sie, daß ich mich auf der gleichen Stufe des Fegefeuers befinde.

ROELLE Hinsitzen, so.

OLGA Geh heim.

ROELLE Wie ich dich nicht mehr angeschaut habe, bist du mir nachgelaufen. Davon will ich ungefähr die Konsequenz sehn.

OLGA Ist es heraus mit geweitetem Maul?

ROELLE Ich bin nicht der Mann, der für den puren Atemzug an deiner Seite Hosianna singt. Ich verzichte darauf, daß du ein Gefühl für mich hast. *Er holt sich das Messer zurück.* Für dich kann ich tun, was ich will, für dich bin ich der letzte Dreck. Aber ich werde dich mir schon holen, ich hole dich. Für wen die Priesterhände haarig sind, der soll das Sakrament mit geschlossenen Augen nehmen. Jetzt werde ich über dich kommen in einer bösen Gestalt. Das kannst du ruhig merken, die Engel mögen mich nicht mehr, die Engel sind mir schon lang nicht erschienen. Jetzt kommt ganz ein anderer. Das wirst du gleich merken, wer in mir wohnt. Ich bin der Teufel. *Er setzt ihr das Messer an.*

OLGA Vieh! *Schlägt ihn.*

MUTTER *kommt, sie schreit auf:* Das möchte ich sehn, ob sie dir was tut, wenn ich selber dabei bin. Mein Sohn ist bei so was viel zu vergeistigt, man merkt es ihm an, weil doch der keinen profanen Finger rühren kann. Stellen Sie sich in einem anderen Abstand von ihm auf. Sie beleidigen mein Auge. Da steht sie himmellang und läßt sich ohne einen Ton der Entschuldigung von der Sonne anscheinen.

ROELLE Mamma, merkst du nicht, daß du störst?

MUTTER So weit haben Sie es getrieben, daß sich mein Sohn nicht mehr auskennt. Aber mir ist es vorgegangen, ich habe es geahnt, die Mutter, ja.

ROELLE Mach mich du nicht auch noch nervös. So lang salbst einen wieder an.

MUTTER Soviel Straßen sind gar nicht da, wie ich sie abrenne in meiner Todesangst und dabei wo muß ich ihn finden, in welchen Händen?

ROELLE Es war gar nicht für deine Augen. Das war unter uns.

MUTTER Ich kenne schon dein unter uns. Und ich mag es nicht, dein unter uns. Und ich werde es verhindern.

ROELLE Mamma, gleich gehst du heim.

MUTTER Nicht ohne dich, Sohn.

ROELLE Mit dir ist man geschlagen.

MUTTER Schauen Sie hin, wie er noch ganz verschreckt ist und wie bleich.

ROELLE Das hilft mir was, wenn du mich als einen Abgott mit Kuhaugen unter den Menschen hochstemmst.

MUTTER Du sprichst mit deiner Mutter, Sohn. Sei froh, solang du mich hast.

ROELLE Ich bin gestraft genug.

MUTTER Sie sind die Verführerin. Nur Sie haben ihn in alles hineingezogen.

OLGA Den Kopf hat man ihm nicht heruntergerissen.

MUTTER Wer sind dann die, die meinen Sohn mißhandeln? Sie gehen jetzt mit mir in die Schule, Sie geben sich selbst und die einzelnen mit Namen an.

OLGA Wenn Sie die Namen wissen wollen, halten Sie sich an Ihren Sohn.

ROELLE Aus mir bringst du keine Namen heraus.

MUTTER Jesus, Bub, hast du einmal etwas anderes von denen gehabt als blaue Flecken? Aber ich geh schon zu den Lehrern, ich sag einfach, der Böttcher wars und der Wimmer, die werden sich dann schon wehren und dann kommt es auf. Das setze ich durch. Ich bin schon auch noch da. Ich verlange eine strenge Bestrafung.

CRUSIUS *kommt:* Bei uns gibts keine Angeber. Wir halten zwangsläufig zusammen.

MUTTER Sie sind auch so einer. Was haben Sie mit meinem Buben gemacht?

ROELLE Der doch nicht. Das ist keiner von denen. Weil das bloß der Crusius ist und zwar war der gar nicht dabei.

MUTTER Du lügst. Was hat er dann bei dir zu suchen?

CRUSIUS Ich gehe quer durch. Dabei sieht man am meisten. Das Fräulein kam mir von weitem bekannt vor.

MUTTER Das lasse ich mir auch einmal im Himmel erklären, was an der Seltsames dran ist.

CRUSIUS Entschuldigen Sie, sind Sie nicht das Fräulein, das mich in der Maiandacht fixiert hat?

OLGA Reden Sie mich nicht so schwach an.

ROELLE Du mußt selber einsehen, daß der die gar nicht näher kennt.

MUTTER Bubenschmeckerin! – wollen Sie sich nicht auch gleich an der ihren Rock anhängen?

CRUSIUS Bitte höflich um Entschuldigung, man kann einen einmal verwechseln.

MUTTER Es war schon keine Verwechslung. Die hält sich ihre Mannsbilder übereinander warm.

OLGA Das muß ich mir nicht nachsagen lassen.

CRUSIUS Es ist mir direkt peinlich wegen dem Fräulein. Ich brachte sie in einen falschen Verdacht.

ROELLE Jetzt darfst aber schaun, daß du auf einem Seitenpfad den Weg abschneidest.

CRUSIUS Und grad bleibe ich da. Mein Fräulein, tun Sie mir das
nicht an, daß Sie keinen Blick über mich hinstreifen lassen.
Es könnte Ihnen was auskommen.

OLGA Halten Sie sich zurück.

CRUSIUS Da gibt's Fräuleins, die meinen immer gleich, man will
ihnen was. Was werde ich Ihnen schon tun am hellgrauen
Tag? Was kann ich schon wollen?

ROELLE Das ist meine, damit du es weißt.

OLGA Und Sie sind nicht wie der Roelle.

CRUSIUS Ich bin nicht wie der dahinten. Bei mir geht ein anderer Wind.

MUTTER Der hat bloß kommen müssen und schon schmeißt sie
sich an.

CRUSIUS Wie haben wir es nachher?

OLGA Ich suche mir einen, mit dem ich nach Amerika auswan-
dern kann.

CRUSIUS Ja, dies habe ich gleich gar nicht verstanden. – Sie –
nach Amerika ist weit.

OLGA Ich will einfach nach Amerika, weil mich da keiner kennt.

MUTTER Die müßte mir gehören.

Roelle will aufbegehren.

CRUSIUS Wenn Sie einen Bock machen wollen, das gibt es bei
mir einmal nicht. Das sage ich Ihnen gleich, ich halte es mit
der Seelenstärke bei einem Weib.

ROELLE Mit dem egoistischen Menschen, wenn die geht, der
bringt sie erst noch ganz herunter.

CRUSIUS Deswegen wollen wir nicht gleich eine Träne in Le-
bensgröße weinen. Amerika ist nichts. Das war Ihnen auch
gar nicht so ernst.

ROELLE Das möchte ich wissen, an was du das kennst.

CRUSIUS Das kenne ich halt. Warum schaun Sie so dasig? Hats
Ihnen die Rede verschlagen?

OLGA Ich gehöre heim.

CRUSIUS Jetzt das war eine Offenbarung. Warum bleiben Sie
dann noch stehn?

OLGA Ich geh schon.

MUTTER Ich lege kein Wort ein beim Herrn Papa, daß er Sie wieder hereinläßt.

OLGA Das tue ich schon selber. Von dem lasse ich mich abschlagen. *Olga ab.*

CRUSIUS Sie ist hoch oben hinaus.

ROELLE Mich mögen, mich mögen. Und hören muß ich es, daß sie mir wieder gut ist, dafür sind die Ohren da.

CRUSIUS Sei still, das wäre ja doch nichts Gescheites gewesen mit der Lateinischen.

MUTTER Das freut mich, weil die jetzt so großartig abschiebt und nicht weiß, was daheim auf sie wartet.

CRUSIUS Das weiß die schon.

MUTTER Die kommt vielleicht grad zu einer Haussuchung recht.

CRUSIUS Warum?

MUTTER Das dürfen Sie ruhig weiter verbreiten. Auf die Person habe ich schon lang meinen Verdacht. Ich sage immer, da kann man von hinten herein, die braucht ja bloß rübersteigen bei der Altane.

ROELLE In unser Haus?

MUTTER Aber diesmal ist sie eingegangen. Das sind jedesmal Scheine. Diesmal habe ich mir die Nummern aufgeschrieben und im voraus bei der Polizei angegeben und angezeigt habe ich sie auch. Und jetzt ist wieder was weg aus der Kasse.

ROELLE Mamma, das war immer ich, der dir dein Geld nimmt.

CRUSIUS So, das wird gesagt.

MUTTER Heiland der Welt, wird doch das nicht wahr sein. Ja, mein Bub, was hast du dir denn dabei gedacht?

ROELLE Weil sie mich immer hetzen und weil ich ihnen geben muß.

MUTTER Da muß ich gleich hingehn und angeben, ich habe das Geld bloß verlegt und inzwischen hat es sich wieder gefunden. Da muß ich einen Rückzieher machen. Geschwind.

ROELLE Nutzt nichts, wenn der Crusius es aussprengt.

MUTTER Was der sagt.

ROELLE Der hat das Geld, weil er es mir herausgenommen hat aus meiner Tasche.

CRUSIUS Das Geld war geschenkt.

ROELLE Das Geld wurde genommen. Da waren Menschen dabei.

CRUSIUS So einen Verstohlenen mögen wir nicht unter uns haben.

ROELLE Was ist dann mit meinem Buch, das du geklaut hast aus meinem Pult? Das sage ich dann auch.

CRUSIUS Hättest du es dir nicht gefallen lassen. Und überhaupt war das ein Experiment. *Ab.*

MUTTER Jesus, Bub, laß dir sagen –

ROELLE Das ist die Strafe. Die ist fort. Die will mich nie wieder sehn. Alle haben sie mir genommen, du auch.

MUTTER Laß sie fort sein.

ROELLE Ich mag dich nicht mehr. Zwischen uns ist es aus. Für mich bist du gestorben.

MUTTER Du versündigst dich, Sohn.

ROELLE Für mich bist du tot, laß mich aus. Du bist tot, du darfst dich nicht an mich hängen. Du bist schwer, laß mich aus.

MUTTER Der ist von einem Teufel besessen, das ist schon nicht anders.

ROELLE Ja, schlag drei Kreuz über mich und spritz mich mit Weihwasser vom Friedhof voll. Der Teufel ist überall. Bleib fort, warum bleibst du nicht fort? Ich kann das nicht, ich habe das nicht gewußt, laß mich aus.

MUTTER Ich erkenne dich nicht wieder.

ROELLE Wenn ich sterbe, dann komme ich in die Hölle und bin ein Verdammter, ich bin bei den Teufeln und allen verworfenen Menschen. Und das hört nie auf, überhaupt nicht. Eine noch größere Grausamkeit gibt es doch gar nicht.

MUTTER Jesus, Jesus!

ROELLE Mastgesicht, das immer gleich weint, weil ein viereckiger Tisch ihn ärgert, böser Tisch, alles bös, daran hättest du denken müssen.

MUTTER Fahr aus, unreiner Geist, fahr in ein Schwein, fahr in deine Schweine.

ROELLE Mitsamt deinem Beten hast du es nicht herausgerissen.

Ich pfeife auf dein Beten, was du zusammenbetest. Du kannst mir nicht mehr helfen.

MUTTER Einen Pfarrer. Man muß ihn erlösen. *Ab.*

ROELLE Ich bin im Stande der Todsünde. Ich muß beichten, ich habe es gelernt. Aber ich weiß nichts, ich habe vergessen, wie man es macht. *Er holt einen Zettel hervor.*

»Ich armer sündiger Mensch klage mich an vor Gott dem Allmächtigen und Euch Priester an Gottes Statt, daß ich seit meiner letzten Beichte vor wieviel Monaten folgende Sünden begangen habe: – gegen das vierte Gebot, wie oft? gegen das sechste Gebot, wie oft?« Ich muß mich fürchten. »Gegen das siebente Gebot, wie oft? Gegen das achte Gebot, wie oft?« Das ist mein Zettel für mich, den könnte ich gleich essen. »Gegen die sieben Hauptsünden – Ich bitte um eine heilsame Buße und um die priesterliche Lossprechung.« Das probiere ich. *Er ißt den Zettel auf.*

Pioniere in Ingolstadt

Komödie in vierzehn Bildern
(Fassung 1968)

1. Bild
Nähe Stadttor

1

Einmarsch der Pioniere. Musik. Berta und Alma. Bürger.

BERTA Warum singen die nachher nicht, oh du schöner Wester-
wald?

ALMA Wärst gangen damit, dann tätest es wissen. Sagen laßt du
dir nichts. Wie alt bist jetzt? Ein Jahr ist schon hin.
Pioniere.

BERTA Alma, ich will mich nicht streiten. Alma, mit dir kann
man nicht gehn.

ALMA So? Meinst du?

BERTA Hat dich deine Frau auch weglassen?

ALMA Die kann mich nicht mehr weglassen. Ich bin ohne Stellung.

BERTA Was machst dann? Jetzt stehst da.

ALMA Da ist mir nicht angst. Der Pionier ist im Land.
Pioniere. Achtung, Augen links!

BERTA Ich möcht nicht wissen, Alma, was noch aus dir wird.

ALMA Du wirst es nicht ausbaden.

BERTA Gleich hängt man drin.

ALMA Von mir bist du noch nicht schlecht worden. Das kannst
du nicht sagen.

BERTA Du bist die erste und laßt mich im Stich. Wenn die andern was über mich wissen.

ALMA Berta, nie! Weil ich das nie nicht täte.

BERTA Alma, das machen wir noch aus. Die Freundschaft muß
bleiben.

ALMA Berta, und ich werde dich nie verlassen!
Sie geben sich die Hand. Soldaten, Feldesse.

BERTA Alma, ich muß dich was fragen. Sag mir grad, wie man
das macht.

ALMA Was macht?

BERTA Daß man wen kennt.

ALMA Ich hab gleich einen.

BERTA So wie du möcht ich nicht sein. Einen Mann möcht ich schon kennen.

ALMA Du hast doch den Sohn von deiner Herrschaft.

BERTA Das weiß ich nicht.

ALMA Das mußt doch kennen, ob dir der was will.

BERTA *schupft die Achseln:* Ich hab mirs halt anders vorgestellt.

ALMA Aussuchen kannst du ihn dir nicht.

BERTA Aussuchen kann ich ihn mir schon. Einen Mann möcht ich kennen.

ALMA Sag gleich einen Pionier. Das ist doch nicht schwer.

BERTA Ich muß immer weglaufen, wenn mich einer ansieht.

ALMA Also, da gehst du zum Zuschaun, wenn sie die Brücke baun, eventunell. Da kommt so was von selber, eventunell.

BERTA Was für eine Brücke?

ALMA Die neue über das Altwasser hinüber. Die Stadt liefert das Holz, und baun tun sie die Pioniere. Dafür muß die Stadt nicht zahlen.

BERTA Da geht den Großen wieder was hinaus. *Beide ab.*

2

Zeck und Fabian haben ein Männergespräch. Beide kommen mit dem gleichen Hut daher, was am jungen Fabian seltsam aussieht.

ZECK In deinem Alter schmeiß ich so was schon lang. In deinem Alter war ich ein Gelernter.

FABIAN Ich bring keine her.

ZECK Das hätte ich wieder nicht gesagt.

FABIAN Du, das muß man heraus haben. Die heutigen Mädel sind furchtbar.

ZECK Uns ist auch einmal angst gemacht worden.

FABIAN Wenn man ihnen was will, halten die einen zum Narren.

ZECK Das läßt man nicht auf sich sitzen.

FABIAN Da muß man denken und noch einmal denken.

ZECK Das ist falsch. Wie stellst dich denn an, Mann? Hast du keinen Schneid?

FABIAN Ich sags, wies ist, ich kann mich gar nicht mehr halten.

ZECK So bist du zum Haben.

FABIAN *prahlt:* Bei der nächsten, da pack ichs.

ZECK Augen auf, Ohren steif, und gleich muß es einem sein. Du wirst schon noch.

FABIAN Da muß man an die Richtige hinkommen.

ZECK Die Berta – ist reif.

FABIAN Ich habe da meine Zweifel.

ZECK Da ist doch nichts dabei. Das Dienstmädchen hat man im Haus. Der kann man was mucken. Das ist nicht wie bei einer Fremden. Mußt immer wissen, was du willst, Mann. Ist doch alles natürlich.

FABIAN Auf die Berta spitz ich mich schon lang.

ZECK Wenn das so ist, dann paß auf dich auf.

FABIAN Ich will aber nicht aufpassen. Ich stürze mich jetzt da hinein.

ZECK Das geht in den Graben. In der Liebe muß ein Mann kalt sein. Das muß er sich richten.

FABIAN Aber doch nicht gleich beim ersten Mal.

ZECK Hauptsächlich sind es in der Liebe die Fallen, wo die bewußten Fußangeln lauern. Für die Liebe ist das überhaupt charakteristisch.

FABIAN Das lerne ich nie.

ZECK Die nackte Notwehr. Ich warne.

FABIAN Aber ist das nicht entsetzlich?

ZECK Du oder ich. Daran mußt du dich schon gewöhnen. Ein Mann verliert da seinen Kopf nicht.

FABIAN Du hast es mir nur schwerer gemacht.

Berta und Alma sitzen auf einer Glacisbank und singen ein Küchenmädchenlied. Sie halten sich an der Hand und gehn dabei mit dem Arm auf und nieder.

Heinrich schlief bei seiner Neuvermählten,
einer reichen Erbin aus dem Rhein.
Böse Träume, die ihn immer quälten,
ließen ihn auch hier nicht schlafen ein.

ALMA Heut ist aber sehr ruhig da.

Singen.

Zwölf Uhr schlugs, es drang durch die Gardine
plötzlich eine kleine weiße Hand.
Was erblickt er, seine Wilhelmine,
die im Sterbekleide vor ihm stand.
Bebe nicht, sprach sie mit leiser Stimme,
Heinrich, mein Geliebter, bebe nicht.
Ich erscheine nicht vor dir im Grimme,
deiner neuen Liebe fluch ich nicht.

Pionier geht vorüber.

ALMA *steht auf:* Das war die Schwalbe.

BERTA Was machst du?

ALMA Es geht los.

BERTA Du kannst mir nicht weglaufen.

ALMA *dreht sich zu ihr um:* Ja, für dich heißt es springen.

BERTA *ruft ihr nach:* Alma!

ALMA Hilf dir selber. Von mir bekommst du keinen serviert.

BERTA So was von schlecht. *Berta geht in die entgegengesetzte Richtung zurück.*

Pioniere kommen vorbei. Münsterer, Roßkopf.

MÜNSTERER Bis wir um elf Uhr am Brückenkopf einpassieren, müssen wir eine gekannt haben.

ROSSKOPF Das wird heute nichts mehr.

MÜNSTERER Da läuft noch eine. *Alma schlendert ihm in den Weg.*

ROSSKOPF Fräulein, warum gehen Sie so spät allein spazieren?

ALMA Heißen Sie Paul?

ROSSKOPF Warten Sie schon auf einen?

MÜNSTERER *reißt ihn weg:* Aber ich heiße Paul.

ALMA Weil ich da vorn zwei hab abfahren lassen, von denen hat der eine auch Paul geheißen.

MÜNSTERER Das sieht man Ihnen nicht an, daß Sie die Auswahl haben.

ALMA Sind Sie nicht unverschämt, ich muß doch sehr bitten.

MÜNSTERER Gehn mer. Wir vertun da nicht unsere Zeit.
Beide ab.

ALMA *ruft ihm nach:* Leck mich am Arsch.

JÄGER *schiebt sein Fahrrad daher und läutet mit Absicht an seiner Klingel:* Fräulein, ich wäre heraufgekommen über den Berg, ohne daß ich absteigen muß. Aber wegen den Herren bin ich langsam gefahren. Nicht, daß Sie meinen, daß ich nicht radfahren kann.

ALMA Wenn Sie ein wenig warten, kommt ein schönes Fräulein vorbei, zu der sagen Sies wieder.

JÄGER Warum? Sie haben mich Ihnen schon so lang nachgehen lassen.

ALMA Das war eine andere.

JÄGER Das waren Sie.

ALMA Drehn Sie Ihre Laterne so, daß ich Ihr Gesicht sehe.
Er dreht sein Vorderrad.
Nicht wahr ist. Sie haben auch nicht die Stimme.

JÄGER Der, mit dem Sie sich verabredet haben, kommt doch nicht.

ALMA Der kommt.

JÄGER *fährt mit seinem Rad Kunstfiguren vor ihr:* Ohne Umfallen! So was muß man können. Das Rad gehorcht seinem Herrn.

ALMA *beeindruckt:* Wissen Sie, der, auf den ich warte, ist vielleicht schon vorbei, hat auch ganz anders ausgeschaut. Ich kann mich an den Mann schon gar nicht erinnern.

JÄGER Der Ärgste ist der, der nicht nachgibt.

ALMA Es heißt so.

JÄGER Zigarette? *Er gibt ihr Feuer*. Ich habe auch schon öfter einem Mädel gefallen.

ALMA Ich sage ja nicht, daß Sie mir nicht gefallen.

JÄGER *klopft auf sein Rad:* Hopp!

Alma steigt hinter ihm auf sein Rad und fährt im Stehn mit ihm ab.

FELDWEBEL *kommt allein und geht allein. Ein Mädchen begegnet ihm, er will sich heranmachen, aber sie wendet sich von ihm ab:* Die Stadt ist nicht freundlich. *A..*

4

Korl und Berta treten auf.

BERTA Ich bin auch schon verraten worden.

KORL *zeigt nach vorn auf eine Bank:* Das ist unsere. Auf die haben wir gewartet.

BERTA Die gehört nicht daher. Die hat wer vertragen.

KORL Schaun wir, ob sie sauber ist. *Er leuchtet die Bank mit einem Zündholz ab.*

BERTA Ich hab mein helles Gewand an.

KORL Ich leg mein Taschentuch hin.

BERTA *setzt sich auf sein Taschentuch:* Gell, weils keine Lehne hat, drum ist nicht besetzt.

KORL Das ist doch nicht, wie wenn ich nicht dabei bin. Wofür habe ich meinen Arm? *Er legt seinen Arm um sie, sie lehnt sich daran zurück.*

BERTA *schmachtend:* Jetzt hab ich eine Lehne und weiß nicht, wie sie heißt.

KORL Korl.

BERTA *schmachtend:* Korl heißt sie.

KORL Da bist schon öfter gesessen.

BERTA So nicht.

KORL Das machst dem nächsten weis, aber mir nicht.

Sie schweigt, er schubst sie ein wenig.

Sei kein Roß. So, dann bist du auch schon verraten worden.

78

Sie schweigt noch immer.

Auf einmal weißt du nichts.

BERTA Ich muß denken, wie ich es sage. Von keinem Herrn rede ich nicht. Von einem Mädel rede ich.

KORL *ungläubig:* Wie soll sie heißen?

BERTA Alma! *Trumpft auf.* Weil sie mich verraten hat. Zuerst hat sich mich brauchen können, und dann schaut sie mich nicht mehr an.

KORL Mir kannst du noch viel vorsagen. Das geht auch, ohne daß was wahr ist. Da muß nichts wahr sein.

BERTA Ist aber wahr.

KORL *schubst sie wieder:* Die Mädel meinen immer, sie können einen gleich zu was haben.

BERTA Ich bin nicht wie die anderen.

KORL Meinst du! Ich bin wie alle anderen.

BERTA Das glaube ich nicht.

KORL Wie soll ich denn sein?

BERTA Weiß ich nicht.

KORL Dann kann ich mich aber nicht danach richten. Ich täte es schon nicht.

BERTA Magst ein Zündholz aufzünden, daß ich dich sehe?
Er leuchtet mit einem Zündholz sein Gesicht an und läßt das Holz ziemlich lang abbrennen.
Daß du dich fein nicht am Finger brennst.

KORL Da ist was dabei. Weil das ein Pionier nimmer spürt.
Er hält ihr seine Hand hin. Lang her auf die Haut, was das für eine ist.

BERTA *fühlt mit der Hand:* Schön.

KORL Hast einen Namen auch?

BERTA Eine Berta bin ich worden.

KORL Berta.

BERTA *eifersüchtig:* Hast schon eine gehabt, eine Berta?

KORL *spöttisch:* Pfeilgrad nein.

BERTA Das wär mir nicht recht, wenn du schon eine gehabt hast.

KORL Das täte ich dir nicht sagen. Muß man denn immer alles wissen vom andern?

BERTA Ja, mach dich schlecht.

KORL Da mach ich mich nicht lang schlecht. Weil ich sage, dir kann das gleich sein.

BERTA Mir ist es aber nicht gleich.

KORL *harter Griff:* Sag, daß es dir gleich ist!

BERTA Du tust mir weh.

KORL Das weiß ich.

BERTA Ich steh auf.

KORL Wenn ich dich laß! *Er versucht handgreiflich zu werden.*

BERTA Nicht! Das tut man nicht.

KORL Warum nicht? Das gwöhnst.

BERTA *wird energisch:* Ich habe es nie getan. Ich geh sonst nicht mit die Herren. Wenn ein Herr so ist, zeige ich ihn an.

KORL *läßt ab:* Du kommst schon noch.

BERTA *ist aufgestanden:* Auf die Bank setze ich mich nicht noch einmal hin.

KORL Dann auf die nächste.

BERTA Korl, ich setz mich nicht hin.

KORL Warum, meinst, bin ich dann mit dir gangen?

BERTA *wie eine Beschwörung:* Ich hör nicht hin, was er sagt, weil er das nicht so meint.

KORL Von dir laß ich mich lang verklären mit der Verklärung.

BERTA Gar nicht. Ich werde dich schon nicht verklären. Dich muß man schimpfen.

KORL Entweder es geht was zusammen oder es geht nichts zusammen. Wenn ein Mädel nicht zieht, tu ich nicht lang um. *Er geht fort, sie steht bestürzt und läuft ihm dann nach.*

BERTA Geh nicht weg. Denn ich will nicht mit dir streiten, und ich weiß nicht, wie das gekommen ist.

KORL Was ist jetzt? Stellen wir uns her, oder stellen wir uns nicht her?

BERTA *in die Enge getrieben:* Das kann ich auf einmal nicht sagen.

KORL Aber ich will dir auf einmal sagen, daß du nicht viel Zeit hast. Morgen kennen wir uns nicht mehr. *Ab.*

BERTA *ruft ihm nach:* Korl!

2. Bild
Haushalt Unertl

Eine Altane, mit Wäsche vollgehängt. Unertl in einem Schau-
kelstuhl. Fabian sieht in die Hausdächer.

UNERTL *ruft:* Berta! Bedienung! – Ich schrei mir den Hals aus.
Wo steckt dieses Weibsstück?

FABIAN Sie hat Ausgang genommen.

UNERTL Der gebe ich schon einen Ausgang. Ausgang hat das
Weibsstück am Sonntag, nicht unter der Woch.

FABIAN Sie hat gesagt, sie muß an die Luft.

UNERTL Sie soll die Wäsche abnehmen auf der Altane, dann hat
sie ihre Luft. Der Haushalt ist die gesündeste Abwechslung.
Das ist statistisch erwiesen.

FABIAN Sie will eben auch einmal eine Ansprache haben.

UNERTL Was braucht die eine Ansprache? Die soll im Kopf haben, was von der Herrschaft verlangt wird. Alles andere ist
Luxus.

FABIAN Wenn die Soldaten herumschwirren, leidet es sie nimmer daheim. Sie hat Angst, daß sie was versäumt.

UNERTL Die kommt noch früh genug zu ihrem ledigen Balg.

FABIAN Sie ist doch auch ein Mensch.

UNERTL Du mußt sie noch verteidigen.

FABIAN Die Berta ist anständig. Die Berta wirft sich nicht weg.

UNERTL Du kannst doch einen bei ihr markieren, wenn sie einen braucht. Dann wird sie nicht eigenmächtig. Niemand
weiß was.

FABIAN Sie hat ihren Kopf auf.

UNERTL Den muß man ihr austreiben. Das darf mir nicht ein-
reißen, daß sich die ihren Feierabend macht und mich läßt
sie hängen. Ich soll wohl noch in den Keller, wenn ich ein Bier
will? Wofür hat man die Person?

FABIAN Sie arbeitet schon den ganzen Tag.

UNERTL Sie kann aus mir keinen Zimmerherrn machen, auf den
man nicht aufpaßt. Bei mir daheim will ich mich pelzen. Ich

will meine vier Wänd, wo mich niemand anscheißt. Meine Gewohnheiten leg ich nicht ab.

FABIAN Warum heiratest du nicht mehr?

UNERTL Ich bin ja noch bei Verstand.

FABIAN Von mir aus kannst du schon heiraten. Das macht mich noch nicht arm.

UNERTL So. Kann ich? Eine Frau springt noch lang nicht. Die Frau hat man am Hals. Bin ich verheiratet, dann hat die Mark fünfzig Pfennig.

FABIAN Du wirst schon nicht verhungern.

UNERTL Einmal die Pfoten verbrannt, und man langt nicht so leicht hin.

FABIAN Auf die Mutter laß ich nichts kommen.

UNERTL Dich hat sie lieber gehabt wie mich.

FABIAN Das ist noch lang kein Verbrechen.

UNERTL Ich heirate eine Frau, die mich ersetzt in meinem Geschäft, und sonst nicht.

FABIAN Das muß es doch geben.

UNERTL Ich stell meine Ansprüch. Ich nimm keine, die nicht von hier fort war, hier war ich selber. Das muß schon eine sein, die mich hebt. Aber die nimmt mich wieder nicht. Warum weiß ich auch nicht.

FABIAN Einen wie dich wird keine nehmen, so wie du dastehst!

UNERTL Ich denke da nur an meine dritte gute Verkäuferin, die mir einen Korb gab. Die hat hinausgeschmeckt, die war im Ausland, die kannte sich aus. Sie hat einen gehabt, der ihr aus Amerika schreibt. Mir wäre Amerika ja zu weit. Das konnte sie näher haben. Aber nein!

FABIAN Hast du ihr einen richtigen Antrag gemacht? Ich kann es nicht glauben.

UNERTL Heiraten Sie in die Branche hinein, habe ich gesagt, wir zwei bringen es weit, gewandt sind Sie und alles. Das war doch ein Vorschlag. Mit Ihnen, habe ich gesagt, würde es mir nämlich passen.

FABIAN Das höre ich zum ersten Mal.

UNERTL Wenn Sie bei mir sind, habe ich gesagt, passiert Ihnen nichts mehr. Oder gerade dann, hat sie gesagt. Einfach mir ins Gesicht. Oder gerade dann.

FABIAN Die Person hatte an dich keinen Glauben.

UNERTL Kanaille! – Man darf eben keine nehmen vom Laden. Die Mädchen wissen von einem zuviel. Heißt es ein ganzes Leben lang, keine zieht. Die halten sich für strapaziert.

FABIAN Als hätten sie es dann schlechter wie zuvor.

UNERTL Als Verkäuferin, hat sie gesagt, ist es ihr bei mir lieber, weil das nichts Endgültiges ist. Es ist nicht das Ende. Da hast du es. Ich bin soviel wie das Ende. Ich weiß gar nicht warum.

FABIAN Du denkst nur an dich selber.

UNERTL Das machen alle. Auch wenn sie es nicht raushängen lassen.

FABIAN Ja, aber man merkt es bei dir.

UNERTL Dann eben nicht, schöne Tante! Ich reiße mich nicht darum. Wenn es nach mir geht, ich warte drei Jahre zu, und bau mir inzwischen den Großhandel auf, dann bin ich zweiundvierzig, von mir aus. Dann bin ich noch lang kein überständiger Mann. Ich muß auch so keinen Zimmerherrn machen. Ich kann mir ein Dienstmädel halten, die soll nur springen.

3. Bild
Schwimmbad Männerturnverein

Umkleidekabinen. Ein Holzsteg.

ZECK *aus einer Kabine:* Ich höre zuwenig. Wie weit bist du mit deiner Bestimmten?

FABIAN *aus einer Kabine:* Ich frage dich auch nicht nach deiner Bestimmten.

ZECK Frechwerden steht dir noch nicht zu.

FABIAN Nicht hetzen, Häuptling. *Fabian kommt heraus.* Und überhaupt. Ich bin auf dem Weg.

ZECK Dann bleib du nur nicht pappen am Weg.

FABIAN Ihr sollt mich nicht aufziehn. Ich kann mich nicht beklagen. Sie wird meine Flamme. Es paßt.

ZECK *kommt heraus. Skeptisch:* Woran merkst du es, Mann?

FABIAN Ich habe sichere Anzeichen dafür.

ZECK Unser Wüstling! Hehe!

FABIAN Ich kann verlangen, daß man mich ernst nimmt.

ZECK Nur wenn du uns ihren persönlichen Unterrock bringst. *Bibrich balanciert über den Steg, gerät mit dem Fuß in ein Loch und fällt.*

BIBRICH Oh, ah! Lieblich!

FABIAN Es hat einen geschnappt.

ZECK Und das passiert einem Schreiner.

FABIAN Weiß du nicht, jedes einzelne Brett liegt auf der Lauer?

ZECK Kannst du Büffel nicht schaun, wo du trittst?

BIBRICH Euch hör ich zu gern. Nur so weiter. Oh, Oh!

FABIAN Ist der Fuß ab?

BIBRICH Laßt mich liegen, ich weiß nicht.

ZECK Die Englein werden es ihm schon noch singen.

BIBRICH Ich garantiere für nichts.

ZECK Schau nicht hin, da liegt eine Leiche.

BIBRICH Gemein seid ihr. Ihr seid gemein.

ZECK Du reust mich überhaupt nicht. Wir zum Beispiel können umgehn mit einem kaputten Steg. Bei uns gibt er nach.

BIBRICH Der Steg wird euch schon noch schnappen.

FABIAN Lieber nicht.

ZECK Ich muß zugeben, das wäre der dritte gebrochene Fuß. Der ganze Sausteg ist eine Falle.

BIBRICH Der Verein bringt keinen Steg auf die Welt.

ZECK Der Verein hat hinten und vorn nichts.

BIBRICH Für uns hat er nichts. Das sind doch Hirschen. *Er hinkt nach vorn.*

ZECK Jeden Monat hebt der Trainer die Hand auf. Der Trainer geht immer noch vor dem Steg.

BIBRICH Der Verein soll sich rühren, verdammt. Ich stoße mir nicht meine Glieder zuschanden.

ZECK Der Verein hat schon viermal bei der Stadt einen Vorstoß gemacht für einen Steg. Auf dem Ohr hört die Stadt nicht.

FABIAN Der Schwimmer, der ist der Dumme.

BIBRICH Man kann nicht einmal ein Schauspringen organisieren, wenn man nichts hat, worauf man den Zuschauer stellt. Ohne Schauspringen kein Eintritt.

ZECK Ohne Eintritt keine Marie.

FABIAN Man kann es sich nicht malen.

ZECK Das sind Kasematten, mein Lieber. Das war ein Verteidigungsgraben. Für Sport und Schau ist das nicht gemacht. Wir haben genommen, was da war.

FABIAN Als Schwimmer gäbe es uns nicht.

BIBRICH Wer ist schon der Schwimmer? Der Schwimmer ist im Verein doch nur der kranke Mann.

ZECK Nur die Fußballer ziehen das Geld an.

FABIAN Uns geben die Fußballer nichts.

BIBRICH Der Schwimmer kommt nie zu seinem Steg.

ZECK Wir haben überhaupt keine Aussicht.

BIBRICH Können nicht ausweichen. Die Donau ist ja kein Wasser.

FABIAN Zuviel Wirbel. Die Donau täuscht.

ZECK Die Donau fälscht jedes Ergebnis. Wir sind schon angewiesen auf unseren langsamen Graben.

BIBRICH Die Stadt soll sich die Schwimmer am Hut stecken. Wir
streiken.

ZECK Seit wann tut das der Stadt weh? Die vermissen uns gar
nicht.

FABIAN Wir kommen nur aus der Form.

ZECK Die können noch anders. Die hängen uns noch ein Schild
hin: Zutritt verboten. Wir sitzen da und haben nicht einmal
einen baufälligen Steg und haben kein Bad.

BIBRICH Dann wären wir die Geprellten.

ZECK Was machen wir dann?

FABIAN Es wäre das Ende. Und nur, weil man den Schwimmer
bescheißt.

BIBRICH Dann muß ich schon sagen, wir basteln uns einen Steg.
Ich als Schreiner würde euch das nämlich zeigen.

ZECK Holz müßte man haben.

BIBRICH Überstunden machen.

ZECK Werkzeug kann man sich leihn.

BIBRICH Man müßte schon schuften. Aber wir haben kein Holz.

ZECK Ich weiß ein Holz, wer sich traut. Das Holz ist nicht ge-
setzlich.

FABIAN *großzügig:* Pfeif!

BIBRICH Man muß sich schon traun.

FABIAN Unter uns ist kein Schuft, da kommt es nicht auf.

ZECK Am gleichen Altwasser, keine Viertelstunde von hier,
liegt ein Holz. Man muß es bloß durchziehn.

BIBRICH Der Pionier ist im Land!

ZECK Der Pionier baut eine Brücke. Die Brücke gibt er der
Stadt. Von der Stadt bekommt er das Holz.

FABIAN Die Stadt sitzt auf dem Holz.

BIBRICH Die Stadt gibt dem Schwimmer das Holz nicht.

ZECK Der Schwimmer nimmt sich das Holz.

BIBRICH Das ist nicht mehr wie gerecht.

FABIAN Weil ihm das Wasser bis an den Hals steht.

BIBRICH Der Verein darf nichts wissen.

ZECK Der Steg ist nicht einmal ein kleiner Wald. Einen kleinen
Wald muß die Stadt sich eben leisten.

86

4. Bild
Bierzelt

*Bürger und Pioniere. Berta, Fabian und Feldwebel an einem
Tisch. Korl kommt herein und vermeidet es, den Feldwebel zu
grüßen. Er setzt sich an einen anderen Tisch. Aber der Feldwebel hat es bemerkt. Außen in der Nähe des Bierzelts eine
Rotunde mit der Aufschrift Pissoir.*

FELDWEBEL Der Kerl ist auf dem Auge blind, aber ich will nicht
so sein. Ich könnte es ihm nämlich geben.

FABIAN Sie sind kein Spielverderber.

FELDWEBEL *heuchelt:* Nie. Wie sagt man, ein Maß?

FABIAN Eine Maß für das Militär! Nämlich weiblich. Das Ding
ist bei uns weiblich.

FELDWEBEL Haben Sie den ganzen Tag die Spendierhosen an?

FABIAN Es geht. Zahlt alles mein Vater. Sie brauchen sich
nichts dabei denken.

FELDWEBEL Denken ist vom Übel. Ich revanchiere mich noch.

FABIAN Ich komme darauf zurück.

FELDWEBEL Hier stimmt was nicht. Warum sitzt die taufrische
Begleitung auf dem verkehrten Platz? Das Militär hat nichts
davon. Sie mußte zwischen uns sitzen.

FABIAN Das Mädchen sitzt schon ganz richtig.

FELDWEBEL Das glaube ich nicht, weil sie stumm ist. Haben Sie
sich gestritten?

FABIAN Wir streiten nie.

FELDWEBEL Ich zum Beispiel wäre nicht abgeneigt, das Mädchen zu kennen. Sie wäre weniger stumm.

FABIAN Vielleicht wäre sie abgeneigt.

FELDWEBEL Ich fürchte eher, der Zorn geht auf Sie.

FABIAN Auf mich? Pah! Sie frißt mir aus der Hand.

FELDWEBEL Es sieht mir nicht danach aus.

FABIAN Sie blamieren mich, Berta. Wollen Sie nichts zu sich
nehmen?

BERTA Nichts. Danke.

FABIAN Warum sind Sie dann mit mir hergegangen, Berta, wenn Sie mich nicht anschaun?

BERTA Ich kann nicht die ganze Zeit auf Sie hinschaun. Das fällt auf.

FABIAN Das soll auffallen.

BERTA Da muß einer danach sein auch.

FELDWEBEL Das würde ich mir nicht im Schlaf nachsagen lassen. Da muß ich schon hetzen.

FABIAN Sie, ich täte nicht auslassen bei einem Mann, wie ich bin.

BERTA Wer sind Sie schon?

FABIAN Berta, das war eine Kränkung.

Korl pfeift ihr.

Was soll das heißen?

Berta will aufstehn, Fabian hält sie zurück. Korl pfeift noch mal und macht ihr ein Zeichen herüberzukommen.

FELDWEBEL Frechheit! Vom Tisch weg!

FABIAN Seit wann kennen Sie den? Jetzt gehn Sie grad nicht hin, weil er meint, es muß sein.

BERTA Da muß ich schon hin. *Sie macht sich los und geht zu Korl an den anderen Tisch.*

FELDWEBEL Aber das kann sie nicht machen. Holen Sie Ihre Braut doch zurück.

FABIAN Sie ist nicht meine Braut.

FELDWEBEL Wir können schaun wie die Affen.

FABIAN Wir können uns noch immer besaufen.

Sie stürzen Bier hinunter.

FELDWEBEL Wenn einer über mich lachen kann, das habe ich nicht gern.

FABIAN Über Sie lacht er ja gar nicht.

FELDWEBEL Ich kenne den Mann. Der Kerl ist zu schnell am Ball und schnappt seinem Vorgesetzten die Jungfrauen weg. Das war schon so in Küstrin, und jetzt hängt er mir zum Hals heraus, dem Mann sitze ich auf.

Musik: Stolz weht die Flagge Schwarz-Weiß-Rot.

BERTA Gell, die mit den Achseln sind andere, wie du bist.

KORL Das sind meine Vorgesetzten.

BERTA Wie heißt man das, wenn sie deine Vorgesetzten sind?

KORL Das heißt man Unteroffizier, und das heißt man Feldwebel. Sprich Uffz und Feld. Oberfeld und die ganze Leier hinauf bis zum General, der ein alter Hirsch ist und der einen einschnauft wie Luft.

BERTA Sprich Uffz und Feld! *Sie lacht.* Aber ein Pionier ist viel schöner wie ein Feldwebel.

KORL Weil er der Jüngere ist. Beim Militär ist das ein Nachteil. Unsere Vorgesetzten sagen, ein Pionier, wenn er nicht zehn Jahre lang einer gewesen ist, ist überhaupt noch kein Pionier.

PIONIER Überhaupt noch keiner.

BERTA So schwer ist das.

KORL Ein Pionier muß viel mehr können wie seine Vorgesetzten, aber er darf es nicht merken. *Er schließt Berta in die Arme.*

FABIAN Wie heißt du, Feldwebel?

FELDWEBEL Willi.

FABIAN Ich werde Willi zu dir sagen. Ich zahle dir auch noch eine Maß.

FELDWEBEL Weiblich. Man merkt, daß du einer von den Großen bist.

FABIAN Ich bin erst am schwachen Anfang, aber ich bin schon drin in der Bahn.

FELDWEBEL Kunststück!

FABIAN Ich komme nach meinem Alten. Ich wachse hinein in die Firma. Einmal bin ich der Chef.

FELDWEBEL Bei dir kann nichts schiefgehn.

FABIAN Die Mädchen müßten einem nachlaufen, hätten sie einen Verstand.

FELDWEBEL Die Mädchen laufen immer den Falschen nach.

FABIAN *trinkt:* In so einen Maßkrug geht allerhand hinein.

FELDWEBEL Darf schon was hineingehn. Ich schwemme meinen ganzen persönlichen Verdruß hinunter.

FABIAN Saufbruder, du auch?

FELDWEBEL Du ahnst es nicht.

FABIAN Saufbruder, sauf!

Verbrüderung. Kriegerisch.

Auf der Welt!

FELDWEBEL *kriegerisch:* Auf der Welt!

FABIAN Die Letzten werden die Ersten sein.

FELDWEBEL Ich kann das von hier aus nicht sehn. Weil wir alle Arschlöcher sind, jawoll, und weil der Druck nach unten geht. Und weil sie mich gestaucht haben wegen dem Holz, jawoll.

FABIAN Hast du Holz gesagt?

FELDWEBEL Ich sage Holz, aber es ist schon eine halbe Brücke.

FABIAN Sprich nicht weiter. Ich habe einen Verdacht.

FELDWEBEL Ich habe immer einen Verdacht, das muß ich. Mir macht es nicht so leicht einer recht. Das ist meine verdammte Pflicht. Ich muß sein wie eine Geißel.

FABIAN Davon verstehe ich nichts.

FELDWEBEL Und darum hast du es gut.

FABIAN Ich habe einen schwarzen Verdacht, mein kleiner Finger will mir was sagen.

FELDWEBEL Ich bin nicht dein kleiner Finger.

FABIAN Sei nicht so.

FELDWEBEL Ich könnte platzen. Du siehst einen Mann vor dir, dem sie die halbe Brücke gestohlen haben, weil er das Kommando vom Bautrupp hat. Einem Zivil kann ich das gar nicht näher erklären. Du siehst einen geschlagenen Mann.

FABIAN Ich habe was läuten gehört von verschwundenem Holz, und ich habe es geglaubt, so bin ich.

FELDWEBEL Wie vom Erdboden verschluckt, und dabei war es schwer.

FABIAN Die Menschen sind ja so schlecht.

FELDWEBEL Und das ist noch gar nichts. Ich habe einen Rüffel einstecken müssen, den man sich nur unter Zwang ausdenken kann. Du siehst einen Mann vor dir, der hat nichts mehr zu lachen.

FABIAN Wird denn so ein Haufen Holz nicht bewacht?

FELDWEBEL Wer läßt bewachen, was man nicht einmal schleppen kann? Es bewacht sich von selber.

FABIAN Ein Mann allein bringt es nicht fertig.

FELDWEBEL Das war schon mehr eine Bande. Ich muß Leute haben in meinem eigenen Trupp, die haben es vom Fleck weg verkauft.

FABIAN Organisiert.

FELDWEBEL Geraubt. Den Kopf reiße ich ihnen herunter.

FABIAN Den Kopf reißt du ihnen herunter.

FELDWEBEL Erst muß ich sie haben. Und ich werde sie haben. Es sticht mir in die Nase, wer es sein muß, aber ich kann nicht an sie heran. Ich kann nicht sagen von Mann zu Mann, Hund, das warst nur du. Ich fühle meine Ohnmacht, auch wenn ich sie zudecke mit Schikanen.

FABIAN Wem willst du es anhängen?

FELDWEBEL Wenn man sucht, findet man immer was.

FABIAN Dann baust du nicht weiter, Boß?

FELDWEBEL Ich baue immer weiter, verdammt!

FABIAN Wer ersetzt dir das fehlende Holz?

FELDWEBEL Die Stadt. Wer sonst?

FABIAN Die Stadt wird euch was blasen.

FELDWEBEL Wir werden der Stadt was blasen. Will sie ihre Scheißbrücke über den Graben, oder will sie ihre Scheißbrücke nicht?

FABIAN Vielleicht hat sie sie nicht verdient. Vielleicht hätten sie ganz andere verdient.

FELDWEBEL Immerzu wird die Stadt es ersetzen. Aber die Stadt sieht es nicht gern. In der Stadt sind sie nicht freundlich.

FABIAN Das geht alles seinen Gang.

FELDWEBEL Mich kostet es meine Beförderung, das ist der Gang. Man hat mich zum Schuldigen gemacht, das ist der Gang. In solchen Fällen wird der General ein Stier, und der Major wird ein Stier, und der Hauptmann wird ein noch größerer Stier. Je mehr nach unten, desto reißender der Zorn, und desto mehr wirkt es sich aus. Der Druck geht nach unten.

FABIAN Was machst du damit?

FELDWEBEL Ich gebe ihn weiter, den Druck.

FABIAN Siehst du!

FELDWEBEL Und ich werde einen Schuldigen finden, und wenn er nicht schuldig ist, dann mache ich ihn schuldig.

FABIAN *hält ihm Bier hin:* Wir zwei Hübschen können noch immer ersaufen.

FELDWEBEL Es hilft zuwenig. Der Wurm ist schon drin.

FABIAN Der Gefreite, der jetzt mit dem Mädel ist, was ist das für einer privat?

FELDWEBEL Mit einem Pionier rede ich nicht.

FABIAN Aber das Mädel hat dir entsprochen?

FELDWEBEL Wenn das Mädel einen Pionier vorzieht, kann ich mich nicht damit befassen.

FABIAN Muß der auch im Lokal strammstehn vor dir? Das möchte ich sehn.

FELDWEBEL Das wirst du auch sehn. Denn das ist auch so einer, der klaut und der sich alles unter den Nagel reißt, und nichts ist ihm heilig.

Musik: Holzhackergesellen. Korl verläßt mit Berta das Zelt. Er hat wieder nicht gegrüßt. Der Feldwebel steht drohend auf.

KORL *draußen:* Ich muß Bier abgießen, Mädchen.

Er verschwindet in der Rotunde, Berta wartet am Zelt. Der Feldwebel sucht gleichfalls die Rotunde auf. Er kommt dicht hinter Korl wieder heraus.

FELDWEBEL Der Gefreite, he! Seit wann ist Ihr Vorgesetzter für Sie Luft?

KORL Ich habe den Feld nicht gesehen, zu Befehl.

FELDWEBEL Sie grüßen mir genauso wie ein Rekrut, ich lasse Ihnen nichts durchgehn, und wir holen das jetzt hübsch nach. Ich zum Beispiel will von Ihnen einen Gruß haben, der sich gewaschen hat. Achtung – *Korl muß grüßen.*

Das ist für mich nicht einmal der schwache Entwurf zu einem vorschriftsmäßigen Gruß. Das Ganze nochmal. Achtung – Achtung – *Korl muß grüßen.* So geht das nicht, Mann. Sie müssen sich hineinwerfen mit allem Drum und Dran. Das muß nur so spritzen. Das muß überspringen aus Ihrem morschen Gestell. Ihnen mache ich Feuer unter dem Arsch. Und zurück! Zack und zack und zack –

Er sprengt Korl auf und ab, wobei dieser grüßen muß. Während der Schikane ist ein Mann aufs Pissoir gegangen und sieht sich die Schikane an. Aus dem Zelt glotzen Bürger heraus, Fabian. Einer singt anscheinend unmotiviert:

Die Fliegen, die Fliegen, die kann man halt nicht kriegen.

BERTA Ich würde mich schämen. So lassen Sie den Mann doch aus.

FELDWEBEL Das Mädel wird Ihnen nichts helfen. Die soll sehn, wer den kürzeren zieht.

BERTA Sie sind ein schlechter Mensch.

FELDWEBEL Lassen Sie nur das Mädchen.

KORL Das ist mein Mädchen, zu Befehl.

FELDWEBEL Das sind keine Mädchen für die Mannschaft. Das sind Mädchen für die Dienstgrade, verstanden.

KORL Ich habe Ausgang, zu Befehl. Wenn ich Ausgang habe, lache ich mir eine an, das macht sich von selber.

FELDWEBEL Das macht sich nicht von selber. Zum Beispiel kostet es mehr Geld, als Sie haben. Ich persönlich halte das für verdächtig.

KORL Bei mir ist das anders. Ich bekomme so was umsonst.

FELDWEBEL *hat daran schwer zu schlucken, er rächt sich:* Hinlegen! Robben!

Korl muß sich hinlegen und robben.

BÜRGER Warum denn? Unerhört! Schikane!

FELDWEBEL Die Stadt ist nicht freundlich.

ALMA *schlendert heran:* Warum so stürmisch, mein Freund?

FELDWEBEL Ich bin nicht gleich so. Aber wenn ich in Trab gesetzt werde, stampfe ich einen zusammen.

ALMA Aber doch nicht vor meinen sehenden Augen.

FELDWEBEL *wittert seine Chance:* Aufstehn! Abtreten!

Korl steht auf. Der Feldwebel gibt ihm ein Zeichen, daß er entlassen ist. Korl setzt sich mit Berta auf eine alleinstehende Bank. Fabian geht ins Zelt und säuft.

ALMA *zu Berta:* Dein Kavalier kann sich bei mir bedanken.

Das Publikum verläuft sich.

ALMA *zum Feldwebel:* Na, wie gehts?

FELDWEBEL Nicht mehr so oft wie früher.

ALMA Das bilden Sie sich bloß ein.

FELDWEBEL Gut schaun Sie aus, Fräulein. Und an mir ist eine vorbeigangen, die hat gesagt, ich bin nicht mehr zum Kennen. Ich kann mir selber nicht gut sein.

ALMA Das ist lebensgefährlich.

FELDWEBEL Sie sehen in zehn Jahren auch nicht mehr so aus.

ALMA Was geht das mich an? Dann habe ich eben jetzt meine große Zeit.

FELDWEBEL Wie alt sind Sie, Fräulein?

ALMA Zwanzig.

FELDWEBEL Das geht gerade noch. Wo wohnen Sie, Fräulein?

ALMA Am Unteren Graben.

FELDWEBEL Akkurat in meiner Nähe.

ALMA Ich bin sehr beliebt bei den Herren. Ich kenne die meisten. Ich bin überhaupt eine mondäne Frau.

FELDWEBEL Ich schrecke vor nichts zurück.

ALMA Aber ich fliege nicht auf einen jeden.

FELDWEBEL Warum so hart? Man kann doch eine Ausnahme machen. Ich habe eine Wut im Bauch. Fräulein, richten Sie mich wieder zusammen.

ALMA Nicht für deine schönen Augen, wenn du das meinst. Nämlich es gibt eine Kasse, mein Freund. Ich bin ohne Stellung.

FELDWEBEL Das hört er nicht gern.

ALMA Jung sind wir nur einmal.

FELDWEBEL Du machst es gnädig, was?

ALMA Und ich bleibe nichts schuldig.

FELDWEBEL Ich möchte sagen, das fehlt mir gerade. *Beide ab. Korl und Berta auf der Bank.*

KORL Tu dich nicht in mich verlieben, Kind.

BERTA Ich verliebe mich nicht.

KORL Das haben schon viele gesagt und haben sich doch in mich verliebt.

BERTA Gell, Korl, wir machen Spaß.

KORL Ich mache keinen Spaß. Mich muß man laufenlassen.

BERTA Du bist dumm. Dich will ich gerade. Dich habe ich mir ausgesucht von alle.

KORL Tu dich nicht in mich verlieben, sonst muß du leiden.

BERTA Ich will leiden.

KORL Du kennst mich nicht. Da kann ich bös sein, wenn eine gut zu mir ist. Die Frau wird von mir am Boden zerstört, verstehst. Da kenn ich keinen Bahnhof.

BERTA Du tusts halt gern.

KORL So kannst auch sagen. Ist doch bloß, daß man weiß, was es alles gibt.

BERTA Wenn ich aber in dich verliebt sein will.

KORL Das weiß ich, sonst bist du nicht ganz. Aber ich habe es dir gesagt.

BERTA Dir tut es auch gut, wenn der Mensch bei einem Menschen ist.

Pause.

Um gar nichts ist mir angst, als daß dir eine andere gefällt.

KORL Haben wir schon einen Krampf. Das kann ich nicht leiden. Red nicht, weils nichts wird. Mach dich ein wenig leicht.

Er fummelt ihr am Hals.

BERTA Die Sterne scheinen darauf. In deine Augen scheinen sie auch.

KORL Paß auf und red nicht.

BERTA Korl, ist das schön?

KORL Jetzt höre ich auf, weil ich nicht mehr mag. So laß ich mich nicht ansingen.

BERTA *bedeckt sich:* Soll ich gehn?

KORL Ja, geh. Ich hab keinen Magen.

Berta bleibt.

Siehst, auf einmal kann ich nicht mehr mögen, so bin ich.

BERTA Du kannst es, aber dann ist dir was auskommen.

KORL Da ist mir nichts auskommen.

BERTA Es ist was mit dem Herzen, und du weißt es nicht.

Berta ab.

Pause.

5. Bild
Schwimmbad Männerturnverein

Zeck macht Freiübungen. Hinten im Wasser Schwimmgeräusche eines unsichtbaren Schwimmers.

BIBRICH *tritt auf:* Wen hast du im Wasser?

ZECK Er weiß nichts. Es ist bloß der Ratz. Er ist jeden Tag hier.

BIBRICH Ist der sicher?

ZECK Er ist der Jüngste und weiß, was ihm passiert im Verein. Auf den drückt man den Daumen.

BIBRICH Mit dem Holz muß es stimmen. Die Polizei schwirrt herum, ist schon draußen am Platz. Hier herunter kommen sie auch.

ZECK Man sieht es nicht ein. Es liegt eingekeilt an der Mauer im Schatten. Das Holz liegt ihnen zu tief.

BIBRICH Die Polizei müßte schon tauchen.

ZECK Bei uns taucht die Polizei nicht. Sie haben überhaupt keinen Anhalt.

POLIZIST *tritt auf:* Routineuntersuchung, meine Herren. Dieser Teil vom Gelände ist noch nicht geprüft.

ZECK Die Polizei wird uns doch nichts wollen.

POLIZIST Die Polizei kann keine Ausnahme machen.

ZECK *führt ihn herum:* Vorsicht am Steg. Da sind Bretter gelegt. Die werden erst noch genagelt.

POLIZIST *aufkeimender Verdacht:* Ich sehe.

ZECK Unser Schreiner ist nicht mobil.

   Bibrich leidet.

POLIZIST *bückt sich:* Die Bretter sind alt. *Er schreibt.*

ZECK Von der Brauerei. Eine Spende.

POLIZIST *öffnet die Kabinentüren:* Was ist hinter den Türen?

ZECK Wir haben hier keine Damen.

POLIZIST Damen suchen wir nicht. Auf welchen Fluchtweg führt die Leiter?

   Eine Leiter steht angelehnt neben den Kabinen.

ZECK Die Leiter geht nur auf den Wall.

POLIZIST Ich überzeuge mich, was am Wall ist. *Er steigt auf den Festungswall.*

ZECK *hinterfotzig:* Es ist der höchste Punkt. Von oben sieht man herunter.

POLIZIST *überblickt das Gelände und steigt dann herunter:* Wall unterbrochen. Kein Fluchtweg. *Er schreibt in sein Buch.* Wie tief ist das Wasser?

ZECK Vier Meter vielleicht.

POLIZIST Informant bezeichnet die Wassertiefe mit vier Meter.

ZECK Kann mehr sein. Auf den Zentimeter habe ich es nicht gemessen. Sie müßten schon tauchen.

  Bibrich leidet.

POLIZIST *schreibt:* Name des Informanten – wie heißen Sie?

ZECK Ludwig Zeck.

POLIZIST Geboren?

ZECK 1899 22. November hier.

POLIZIST Ständiger Wohnsitz?

ZECK Goldknopfgasse 7. Der Verein hat mich in der Kartei.

POLIZIST *beugt sich über das Wasser:* Man sieht nicht auf den Grund.

ZECK Hier sieht man nie auf den Grund. – Haben Sie schon einmal Schokolade unter Wasser gegessen?

POLIZIST Nein. Warum?

ZECK Schmeckt nach gar nichts. Im Mund sind lauter Scherben.

POLIZIST Interessant. Ich bin kein Taucher. *Grüßt und geht ab.*

ZECK Der Hirsch!

BIBRICH Der Schutzmann hat uns überhaupt nicht gefilzt. Das war Massel.

ZECK Das Holz soll uns schon bleiben.

BIBRICH Nach und nach holen wir es dann herauf.

ZECK Es wird uns doch im Wasser nicht faulen.

BIBRICH Das Holz ist präpariert.

ZECK Bis der Pionier fort ist, müssen wir es schon verstecken.

BIBRICH Ich bin ganz abgeschlagen. Mich hats geschlaucht.

ZECK Ich rolle mich auch. *Beide ab.*

6. Bild
Baustelle

Nacht kurz vor Passierschluß. Brückenbauskelett. Korl und Bunny nähern sich vorsichtig.

KORL Ich kann den Kerl mir nicht mehr aufsitzen lassen, und ich muß ihn mir aufsitzen lassen. Bunny, es macht mich krank.

BUNNY Ich mag ihn ja auch nicht, weil er ein Radfahrer ist.

KORL *klettert am Brückenskelett hoch:* Wenn einer kommt, unseren Vogelpfiff. *Er klettert höher und hantiert an der Verschraubung.*

BUNNY Du kannst nicht alle Schrauben lockern, spinnst du, das fällt auf. Du reitest dich in was hinein.

KORL Unterbrich mich nicht, Bunny.

BUNNY Es ist mindestens Sabotage. Weißt du, was darauf steht?

KORL Der Schinder soll merken, daß zwischen ihm und der Mannschaft Krieg ist. *Er ist wieder unten.*

BUNNY Wenn er filzt, kommt er doch nur auf dich.

KORL Er wird es nie wirklich wissen.

Bunny pfeift leise den Vogelpfiff.

Korl fährt herum und kann niemand entdecken. Was pfeifst du, Idiot?

BUNNY Ich mache dir Angst. Nichts wie weg. Er sitzt am langen Arm, du kommst immer zu kurz. Du bist das arme Schwein, sieh dich vor. Er wird Metzger spielen.

KORL So einer wäre schon lang weggeputzt von hinten in einem Krieg.

Sie schleichen sich weg.

7. Bild
Haushalt Unertl

Unertl, Berta, Fabian

UNERTL Es wundert mich, daß wir für Sie überhaupt existieren. Wir zahlen ja nur den Lohn. Wir sind die reinsten Waisenknaben gegen das Militär.

BERTA Ich tu meine Arbeit. Der Herr kann sich nicht beklagen.

UNERTL Sie können nicht zählen. In der Woche war es das zweite Mal, daß das Fräulein ausgeflogen war, und man hatte das Fräulein nicht bei der Hand.

BERTA Ich hab noch jeden Abend abgespült nach dem Essen. Danach habe ich auch einmal frei.

UNERTL Die Arbeit darf nicht darunter leiden. *Greift aus Schikane nach einem Teller. Zu Fabian.* Schau dir den Rand an, der da sitzt.

BERTA Da sitzt kein Rand.

UNERTL Weil sie kein Wasser heiß werden läßt vor lauter Pressieren.

FABIAN Die Zeichnung hat das Geschirr von jeher gehabt.

BERTA Immer kommt man in einen falschen Verdacht.

UNERTL Der Mensch drückt sich aus durch seine Arbeit. Die Vorhänge könnten Sie schon lang herunternehmen zum Beispiel.

BERTA Ich habe vor vierzehn Tagen gewaschen. Die Vorhänge auch.

UNERTL Das muß blütenweiß sein, das muß nur so funkeln. Die Sauberkeit muß einem ins Gesicht springen, das heiße ich einen Haushalt führen. Das heiße ich einen Kampf mit den Bazillen.

BERTA Ich kann nicht jeden Tag das Bett überziehn.

UNERTL Bilden Sie sich nur nicht ein, bei mir können Sie mogeln. Wenn ich schon zahle, hole ich den Gegenwert aus einem Menschen heraus, ich wäre ja dumm.

BERTA Immer drücken Sie drauf, sprengen einen herum.

UNERTL In einem Haushalt gibt es noch immer was zu putzen, wenn man danach sucht und wenn man sich einkrallt. Das ist eine Aufgabe fürs ganze Leben.

BERTA Davon wird man gefressen.

UNERTL Wenn Sie das nicht tun, sind Sie für mich eine ganz gewöhnliche Schlampe, keiner weint Ihnen nach.

BERTA Sie verlangen zuviel.

UNERTL Ich weiß schon, Sie sind geschützt.

BERTA Sie müssen einen schon schnaufen lassen.

UNERTL Daß Sie mir nicht damit aufs Arbeitsamt laufen! Sie würden sich bloß blamieren. Sie wissen gar nicht, was man da sagt. Wenn Sie mir was anhängen, dann machen Sie sich auf was gefaßt.

BERTA Ich kann mich nie rühren, daß man was von mir merkt.

UNERTL Von Ihnen braucht man noch lang nichts merken.

BERTA Ich bin doch auch ein Mensch.

UNERTL Weil die junge Generation nicht mehr weiß, was man ihr so schon hineinsteckt und wie gut sie es hat.

BERTA Ich muß mir nicht alles gefallen lassen.

UNERTL Eine Minute nicht den Aufpasser gemacht, und schon ist sie draußen beim Tempel. Und dann kommt sie daher mit dem Verzug.

BERTA Mit welchem Verzug.

UNERTL Ich kann einen Lebenswandel verlangen, wenn ich wen aufnehme in meinem Haus. Da könnten Sie mir ja eine galante Krankheit daherbringen. Sie sind doch nicht läufig.

FABIAN Jetzt mach aber langsam.

UNERTL Halte dich du da heraus. – Man muß es Ihnen schon sagen, wenn Sie nicht wissen, was einem vertrauensseligen Mädchen passiert.

BERTA So schlecht ist keiner. Davor braucht einem nicht angst sein.

UNERTL Sie sind ja erst siebzehn. Sie wissen es besser.

BERTA Alles machen Sie einem schlecht. Der Herr soll mich weglassen. Ich kann den Herrn nicht mehr sehn.

UNERTL Sind Sie nicht vorlaut. Sie hat ein Maul wie ein

Schwert.

BERTA Der Herr hat alles an mir zum Aussetzen.

UNERTL Sie werden es brauchen.

BERTA Wenn ich auf den Gang gehe, schickt mir der Herr den Sohn nach.

UNERTL Kommst du überhaupt weiter damit? Ich merke nichts.

FABIAN Das kann man nicht vor dem Mädchen besprechen.

UNERTL Wir bringen das nämlich auch noch zusammen. So weit brauchen Sie dafür gar nicht laufen.

BERTA Ich muß schon bitten.

UNERTL Ihr Soldat hat das nicht gepachtet. Wo faßt er Ihnen denn hin?

FABIAN Du bist ordinär.

UNERTL Ich nehme mir da kein Blatt vor den Mund. Ich bin bloß ehrlich. Soll sie halt einmal nachgeben. Dann weht gleich ein anderer Wind.

BERTA Weiß der Herr nicht, daß er sich damit was vergibt?

UNERTL Das geht auch anders herum. Sie bringe ich noch auf die Knie, Sie Person. Ich werde Sie schon sekkieren. Sie sollen spüren, daß man Sie in der Gewalt hat.

BERTA Wenn der Herr mich zwingen will, zwingen lasse ich mich nicht. *Ab.*

UNERTL Auf einmal zeigt sie die Krallen.

FABIAN So geht das nicht. Das mache ich schon selber.

UNERTL Mit der hast du es schon verpaßt. Die zieht nicht.

FABIAN Das Mädel kennt sich nicht mehr aus, wofür man sie hat.

UNERTL Laß sie laufen. Gibt doch andere genug.

FABIAN Ich bin dir nicht mehr gut.

8. Bild
Baustelle Brückenbau

Frühnebel. Pioniere arbeiten.

FELDWEBEL Ihr Lahmärsche arbeitet in Tagesschichten von sechs Stunden, das ist zu wenig. Ab heute Nachtschicht, sonst kommen wir nie durch. Hier wird geschuftet, das war nicht in den Wind gesprochen, ich spreche nie in den Wind. Steht nicht herum wie die Säcke. Ihr wollt doch vortäuschen, daß ihr was tut. Los, los, ein bißchen lebhaft da drüben, ich prüfe es nach. Meine Augen sind scharf, ich picke jeden einzeln heraus.

Eifrigeres Arbeitsgeräusch. Er klettert am Brückenskelett hinauf an seinen gewohnten Platz, wo er die bessere Übersicht hat, und stürzt ab. Es herrscht reine Schadenfreude. Ein paar Liebedienerische rennen zu ihm hinaus.

ROSSKOPF Jetzt liegt die Sau im Schlamm.

BUNNY Wetten, daß er sich verzieht!

ROSSKOPF Da kennst du den Schinder schlecht.

BUNNY Ist er hoch?

KORL Und wie! Keine Müdigkeit vorschützen, jetzt sind wir dran.

Sie arbeiten eifrig.

FELDWEBEL *zerschundene Uniform:* Mit mir nicht, du Hundling, ich prüfe das nach. Weitermachen! *Der Feldwebel klettert am Bauskelett hoch und untersucht die Ursache. Er steigt herunter, Schrauben in der Hand.* Ich betrachte das als persönlichen Angriff. Gruppe fünf antreten!

Gruppe fünf tritt an, darunter Korl, Münsterer, Roßkopf, Bunny.

Welcher gemeine Verbrecher hat die Schweinerei mit der Verschraubung gemacht? Sicherungsschrauben offen, das ist Sabotage. Das ist strafbar im höchsten Grad. Das ist ein heimtückischer Anschlag. Ich erwarte sofortige Meldung vom Schuldigen, wer war's? Wir kommen ihm ja doch darauf.

Schweigen.

Ich warne. Wenn keiner sich meldet, hat die ganze Gruppe zu büßen. Die Schrauben waren gestern intakt. Wer hat gestern abend Ausgang gehabt? Er soll sich melden, ich prüfe das nach. *Er mustert Gruppe fünf.* Da haben wir unsere Hübschen beisammen. Die Hübschen werden wir filzen. *Dreht sich um.* Das ist kein Anlaß für Faulheit. Weitermachen dahinten! *Er geht kurz nach hinten.*

KORL Wer war es eigentlich? Will es keiner gewesen sein? Hat er Angst, wir stoßen ihm den Balken in seinen Rücken hinein?

ROSSKOPF Wir wissen es nicht. Von uns war es keiner.

MÜNSTERER Wir haben am Tag genug Gegend.

ROSSKOPF Auf die Baustelle kommen wir überhaupt nicht heraus. Sie steht uns bis hier.

MÜNSTERER Aber ich kann mir schon denken, wer ihn gern wegputzt.

KORL Denken nützt gar nichts. Wissen!

MÜNSTERER Einer spielt verrückt. Alle anderen fressen es aus.

KORL Mensch, wovon rede ich die ganze Zeit?

Sie messen sich unfreundlich.

FELDWEBEL *kommt zurück:* Ich erwarte, daß jeder Hundesohn den Beweis erbringt, wo er gestern seine freien Stunden verbracht hat. Wer den Zeugen nicht beibringt, der für ihn gutsteht, der kann sich freun. Wer keinen Zeugen hat, der sagt es mir besser gleich. Unser Mann ist noch nicht weich. Aber ich mache ihn weich. Und das gilt für die ganze Gruppe, weil sie den Schuldigen deckt. Gruppe fünf antreten zum Strafexerzieren. An den Balken heran!

Sie stellen sich hintereinander am Balken auf, der Kleinste nach hinten.

Den Balken – hebt. Mit dem Balken – marsch, marsch. Zurück, marsch, marsch. Knie beugt – streckt – Laufschritt, marsch, marsch! Ich habe Laufschritt gesagt. Abteilung kehrt. Laufschritt auf der Stelle.

Sie laufen auf der Stelle.

Höher das Knie, höher! Habt ihr lausigen Mitwisser euch endlich besonnen, wer euer Schuldiger ist? Wer meldet sich? *Schweigen.*

Wer meldet den anderen? *Schweigen.*

MÜNSTERER Gnade Gott, wer es getan hat.

FELDWEBEL Gruppe fünf macht heute Nachtdienst. Keine Arbeitspause. Wir arbeiten in einem Zug durch. Und immer noch Laufschritt an Ort und Stelle, marsch, marsch.

9. Bild

Von der Decke senkt sich ein Bett herab, das in der Luft schwebe bleibt, sonst bleibt die Bühne leer. Hinter der Bühne wird mit ruppigen Soldatenstimmen gesprochen:

Eidesstattliche Erklärung Kreszenz Pichler
Eidesstattliche Erklärung Hansi Mittermeier
Eidesstattliche Erklärung Karoline Perger
Eidesstattliche Erklärung Luise Bachl
Eidesstattliche Erklärung Maria Motzer
Eidesstattliche Erklärung Berta Haberer
Eidesstattliche Erklärung Paula Vogelsang

STIMME DES FELDWEBELS Schert euch zum Teufel!

Luitpoldpark

Ferne Parademusik. Sonntäglich aufgeputzte Bürger und Pioniere begegnen sich auf verschlungenen Wegen, stehen beisammen und trennen sich wieder, es bilden sich neue Begegnungen.

I

Feldwebel sieht Alma auf sich zukommen und möchte am liebsten in einen Seitenweg einbiegen, aber sie stellt ihn vorher.

FELDWEBEL Der schönste Tag ist mir verdorben, weil meine Pioniere alle ein Alibi haben. Da ist jeder ein Aal, ich fasse keinen am Griff. Und jetzt kommt mir die Katze über den Weg.

ALMA Ist das nicht der Hochstapler, der nur ein Trinkgeld gezahlt hat? Sie erinnern sich wohl nicht so gern?

FELDWEBEL Fräulein, Sie müssen sich irren.

ALMA Wen ich einmal sehe, den weiß ich.

FELDWEBEL Fräulein, ich tue Ihnen ja nichts ab. Sie verwechseln mich aber.

ALMA Hinterher wollen Sie es nicht gewesen sein.

FELDWEBEL Pech. Soldaten sehen alle gleich aus unter der Mütze. Da ist nicht viel Unterschied drin.

ALMA Für mich schon. Sie schulden mir genau soviel, wie Sie bezahlten. Angeblich hatte der Herr nicht mehr dabei.

FELDWEBEL Sie sind zu hartnäckig, Fräulein.

ALMA Haben Sie es heute dabei?

FELDWEBEL Nein. Wenn einer nicht herausrücken will, was können Sie machen?

ALMA Das haben wir abgesprochen zuvor, Sie. Da bin ich im Recht.

FELDWEBEL Pech. Ich streite es ab. Mit mir war nichts.

ALMA Ich verlange nur, was wir ausgemacht haben.

FELDWEBEL Sie haben auch was davon gehabt. Sie können sich nicht beklagen.

ALMA Für mich ist es die Frauenfrage. Entweder ich bin es Ihnen wert –

FELDWEBEL Fräulein, hinterher nie!

ALMA Schuft.

FELDWEBEL Da müssen Sie schon mit Fotos arbeiten, wenn Sie einen erpressen.

ALMA Pfui.

FELDWEBEL Sie müssen sich schon einen Kumpel beibiegen, der das für Sie besorgt.

ALMA Ich will Sie nicht verstehen, mein Herr.

FELDWEBEL Nämlich, Sie wissen nicht, was Sie noch für eine Anfängerin sind.

ALMA Sie kommen sich wohl sehr überlegen vor?

FELDWEBEL Es macht sich. Ich habe die Erfahrung.

ALMA Sie sind ja auch älter.

FELDWEBEL Das stimmt. Ich bin nicht mehr so grün.

ALMA *Hohn:* Armer Mann! Was müssen Sie für ein armer Mann sein.

FELDWEBEL Feine Dame. F D. *Feldwebel ab.*

ALMA Was essen müssen ist ja noch keine Schande. *Alma ab.*

2

Berta und Münsterer.

BERTA Er hat gesagt, er wart bei der Bank, und jetzt kommt er nicht.

Münsterer pirscht sich heran.

MÜNSTERER Heißen Sie Berta?

BERTA Sie haben bei mir nichts zu suchen.

MÜNSTERER Bei der Bank kann ein jeder stehn.

BERTA Aber ich habe da was ausgemacht und Sie nicht.

MÜNSTERER Wer sagt Ihnen denn, daß ich nicht auch was ausgemacht habe?

BERTA Ich war zuerst da.

MÜNSTERER *auf sie zu, sie weicht ihm aus:* Wir brauchen uns da nichts vormachen. Das habe ich bald gespannt, wenn eine gern möchte. Da bin ich dann nicht so.

BERTA Unterstehen Sie sich!

MÜNSTERER Fräulein, kommen Sie her, ich tue Ihnen nichts. Mein militärisches Ehrenwort. Da bin ich groß.

BERTA Auf einmal –

MÜNSTERER Einen schönen Gruß vom Korl, und er kann heut nicht kommen.

BERTA Warum sagen Sie das jetzt erst?

MÜNSTERER Ich muß immer herausbringen, wie ich auf ein Fräulein wirke mit der Wirkung. Das ist bei mir instinktiv.

BERTA Schön ist, wenn einer so an wen denkt.

MÜNSTERER Lieber wär er mir nicht so schön. Ich an seiner Stelle wär hergangen.

BERTA Sie brauchen ihn mir nicht schlecht machen.

MÜNSTERER Gestern war er mit Ihnen zusammen, heut treibt er es mit einer anderen. Drankommen muß eine jede.

BERTA Von wem reden Sie überhaupt?

MÜNSTERER Und da wollen also Sie seine Kinder aufziehn?

BERTA Der hat kein Kind.

MÜNSTERER Der hat sogar eine Braut.

BERTA Das ist nicht der gleiche Korl.

MÜNSTERER Korl Lettner, gibt nur den einen. Der hat die Kinder nur so herumsitzen in den Städten.

BERTA Das glaube ich nicht.

MÜNSTERER Ich werde doch nicht einen Kameraden hinhängen bei seinem Mädel.

BERTA Sie sind kein Kamerad. Sie wollen es ihm bloß geben.

MÜNSTERER Sie halten sich wohl für die einzige Flamme?

Berta schweigt.

Ich kann ja nicht riechen, daß er Ihnen verheimlicht, was an ihm alles dranhängt. Ich hab gemeint, da hat er Ihnen schon lang was gesagt.

BERTA Der sagt mir alles.

MÜNSTERER Warum hat er Sie dann versetzt?

BERTA Er wird seinen Grund haben.

MÜNSTERER Daran müssen Sie sich schon gewöhnen, Sie sind
nur eine von vielen. Und Sie müssen noch zulernen, Fräulein.
Ab.

BERTA Da ist man nicht geachtet. *Ab.*

3

Pionier, Alma

PIONIER Fräulein, haben Sie Zeit für einen armen Soldaten?

ALMA Ich bin nicht mehr frei. Sie verstehn.

PIONIER Schade. Wir treffen uns noch.

ALMA Sie haben mich nicht verstanden. Ich bin nicht mehr frei.
Bei mir kann sich ja auch was verändern.

PIONIER Sie hören auf? Ich halte das für einen Verlust. Die anderen sind ja Gänse.

Pionier ab.

4

*Einige Mädchen haben es aus der Ferne beobachtet. Zwei
kommen heran.*

ERSTE Die Alma markiert da so eine.

ZWEITE Nämlich die Mädchen lassen dir sagen, daß es nicht
mehr schön ist, wie du dich anschmeißt.

ALMA Sie sollen aufpassen, daß sie sich nicht selber anschmeißen. Anschmeißen habe ich nicht nötig. Ich habe eben meine
Verehrer.

ZWEITE Dann haben wir auch Verehrer, wenn wir es machen
wie du.

ERSTE Bilde dir bloß nicht ein, daß du so schön bist.

ALMA Es reicht für meine Zwecke, Fräulein.

ZWEITE Deine Zwecke kennen wir. Das sind mir so Zwecke.

ALMA Ihr seid wohl die ganz Heiligen?

ZWEITE Das ist der Unterschied. Wir wissen, wie weit wir gehn.

ALMA So? Bist du nicht gestern abend mit dem mit den Blattern am Kaiserwall gegangen?

Dem zweiten Mädchen verschlägt es die Rede.

ERSTE Vielleicht warst du selber am Kaiserwall. Du hättest sie sonst nicht gesehn.

ALMA *zur Zweiten:* Mit dem Kerl bin ich in einer halben Stunde weiter wie du, das kann ich dir sagen.

ZWEITE Das möchte ich vorerst bezweifeln.

ERSTE Du bist mir schon die richtige Marke. An der Hecke hat sie Geld genommen.

ALMA Wann habe ich Geld genommen?

ERSTE Bitte, das haben wir gesehn.

ALMA Mein Freund hat es mir aufgedrängt. Die Soldaten wollen mich glatt so haben.

ERSTE Mir hat noch keiner was aufgedrängt.

ALMA Du hast eben nicht die Nachfrage. Du bist ja auch nicht intelligent.

ERSTE Bitte sehr, ich bin intelligent.

ALMA Im übrigen täuscht ihr euch alle.

MÄDCHEN Ph!

Die Mädchen weichen zurück. Alma ab nach der anderen Seite.

5

Berta, Korl.

BERTA Dann kann ich dir gar nicht helfen?

KORL Nicht, wenn du dich anhängst.

BERTA Ich will dir nicht aufsitzen.

KORL Heut muß ein Mädel sich was gefallen lassen, weil es zuwenig Mannsbilder gibt.

BERTA Es gibt mich und gibt dich.

KORL Dir fehlt bloß die Übersicht. Nämlich der Frauenüberschuß, der ist zu groß.

BERTA Es gibt mich und gibt dich, und andere brauchen wir nicht.

KORL Du sollst mich nicht immer so lieben, das macht mich noch rasend.

BERTA Wenn ich nicht anders kann.

KORL Weil du nicht schlau bist.

BERTA Wie wird man schlau?

KORL Wenn man von einem Mann was will, darf man nicht zeigen, was er mit einem machen kann.

BERTA Wie soll ich denn sein?

KORL Hast du schon einmal was gehört, daß man sich nicht an einem Menschen einhalten kann? Es hebt nicht.

BERTA Es würde schon heben. Du willst nicht tragen.

KORL Den ganzen Tag muß ich mich schikanieren lassen, bei den Weibern lasse ich mich aus. Das muß eine einsehn.

BERTA Ja dann —

KORL Braucht eine bloß mitspielen.

BERTA Wenn du was zum Waschen hast, bring es mir her. Ich steh auf in der Nacht. Ich geh ins Waschhaus.

KORL Der Mensch muß nicht alles haben. Das machen wir schon im Dienst.

BERTA Was kann ich für dich tun?

KORL Mich einen freien Mann sein lassen.

BERTA Weißt du, was daraus entsteht?

KORL Das macht doch mir nichts. Da hättest du dich eben früher rar machen müssen.

BERTA Wenn ein Mann ein Mädel so weit hat und sie schaut keinen anderen an, dann fragt er einmal, ob sie ihn heiraten will, weil dann geheiratet wird.

KORL So schaust du aus. Schon wäre einer drin in der Falle.

BERTA Du kannst doch jetzt nicht so sein.

KORL Mit mir nicht. Ich kann das nicht brauchen.

BERTA Du hast mich verraten.

KORL An uns muß man glauben. Dann muß man sich von uns verraten lassen. Dann darf man weinen, wenn man mag, und dann muß man erst recht an uns glauben.

BERTA So lang, bis eine kaputt ist.

KORL Die Richtigen halten es aus.

BERTA Aber das mußt du doch spüren, wer du für mich bist.

KORL Einen Fetzen muß man aus euch machen. *Ab.*

6

Fabian, Bibrich.

FABIAN Da steht eine und kann nicht heimgehn.

BIBRICH Was hat man mit dem Mädel angestellt? Das ist doch
sonst ein ganz braves Mädel. Die muß ja verrückt werden.
Da tun sie mit ihr herum. Dann ist nie wer da.

BERTA Man kann sich nicht einhalten. Es hebt nicht.

FABIAN Fräulein Berta, Sie sehn doch, daß sich der andere
nichts daraus macht.

BERTA Aber das ist doch ganz anders. Der weiß es bloß nicht.

BIBRICH So einer will es nicht wissen.

FABIAN Sie werden den Menschen nicht noch verteidigen.

BERTA Aber das habe ich doch tief in mir drin. Und ich mache
nichts falsch. Mich wird einer noch brauchen, das weiß ich.

BIBRICH Hören Sie auf, sich was vorzumachen.

FABIAN Der ist nicht zu helfen.

BIBRICH Laß sie laufen. Das ist eine, die ist ganz umstellt.

Beide ab, sie läuft weg.

7

Alma, Korl.

ALMA Wie habe ich das gemacht?

KORL Was gemacht?

ALMA Vor dem Bierzelt. Mensch. Sie werden mich noch kennen. Ich habe Sie diesem nachgemachten Napoleon aus den
Klauen gerissen.

KORL Sie waren der lockere Vogel?

ALMA Und was sind Sie für ein Vogel?

KORL Auch nicht besser. Man lebt.

ALMA Man wünscht sich zuviel.

KORL Kann schon sein.

ALMA Der Napoleon hat Sie wohl dick?

KORL Wir haben ihn dick. Die ganze Mannschaft weiß, daß es nicht mehr weitergeht mit dem komischen Josef. Nur – beim Barras geht das immer weiter.

ALMA Man muß doch was machen können.

KORL Beim Barras passiert schon mal was, aber den Richtigen trifft es nie. Das müßte schon dumm gehn.

ALMA Und keiner kommt, der ihn umlegt.

KORL Das geht nicht. Das ist eingebaut, daß es nicht geht. Das ist von Anfang an drin.

ALMA Sie müssen es wissen.

KORL Beim Barras sind sie hinter lauter Vorschriften verschanzt, man kann nie heran. Man kann sich nur beschweren, das kann man. Lieber nicht. Da hält einer besser den Mund.

ALMA Wenn sich alle zusammentun?

KORL Alle zusammen, das gibt es nicht. Man kann gar nichts machen. Der bleibt uns.

ALMA Das ist mir schon der richtige Josef. Spielt den Lebemann, bleibt hinterher alles schuldig. Er hat mich hineingelegt, Sie verstehen.

KORL Von ihm war das ein Fehler. Ich würde den Fehler nicht begehn. Ich verspreche nie was. Ich halte noch weniger, als ich verspreche.

ALMA Ja, aber Sie sagen es gleich. Das ist ein Unterschied.

KORL Sie machen es wohl noch nicht lang?

ALMA Und ich hör auch schon wieder auf. Da ist kein Leben für mich. Ich bin menschlich enttäuscht. Die Herren befriedigen bloß ihre Sinnlichkeit.

KORL Haben Sie das nicht gewußt?

ALMA Zuvor war ich bei einer Madam. Ich geh nie wieder zu einer Madam.

KORL Das kann ich mir denken.

ALMA Ich hab mich ins Freie gewagt, aber dort war es nicht frei.

KORL Wo es viele sind, das ist doch nur Ersatz. Was das Interessante ist, das lassen die weg.

ALMA Ich lerne noch.

KORL Das hör ich gern.

ALMA Ich bin eben unvorsichtig, das ist das Ganze.

KORL Für mich ist das nicht so schlimm. Die ersten Tritte sind nicht gleich die richtigen Tritte. Das macht nichts.

ALMA Und ich bin hineingesprungen und springe auch wieder heraus.

KORL Das nenne ich Mut.

ALMA Ich bin nur noch nicht im richtigen Zug.

KORL Der richtige Zug kommt nicht immer.

ALMA Der kommt, das weiß ich. Mir träumt immer, daß es mich hebt. Eins und zwei und spring! Ich könnte den ganzen Tag springen. Sie auch?

KORL Das war einmal.

ALMA Mir hilft alles voran, daran glaube ich. Und ich geh nach Berlin. Und ich will das Leben, wo es mich herumschmeißt und packt.

KORL Am liebsten ginge ich mit.

ALMA Sie sehen es mir vielleicht nicht an, aber in mir ist was, das schiebt mich durch dick und dünn. Ich brauche nur noch den Dreh, der mich durchzieht.

KORL Sie werden sich schon was anlachen.

ALMA Da ist mir nicht angst. Aber es muß so sein, daß sich was rührt. Ich wäre sonst überhaupt kein Mensch.

KORL Wie wäre es mit Arbeit?

ALMA Für mich kann Arbeit ein Dreh sein, das glauben Sie nicht?

KORL Ich kann mir was Schöneres denken.

ALMA Zum Beispiel?

KORL Sie gefallen mir, Mädchen. *Er umfaßt sie.*

11. Bild
Straße Nähe Donau

Es wird dunkel. Roßkopf und Münsterer in etwas angetrunkenem Zustand. Sie rollen eine Tonne vor sich her.

MÜNSTERER Was ein schlauer Soldat ist, der verrollt sich in seine Falle und ist gut aufgehoben, wenn er nicht mehr weiß, was er tut.

ROSSKOPF Aber wir wissen es noch.

MÜNSTERER Beinahe. Zwick mich, und ich werde nüchtern.

ROSSKOPF Ich zwicke nie.

MÜNSTERER Idiot!

ROSSKOPF Und ich will nicht aufgehoben sein, ich will meine Freiheit.

MÜNSTERER Für uns gibts keine Freiheit. Außer bei unserem Mädel, und das ist halb so wild.

ROSSKOPF Jeder lausige Zivilist hat es besser als ich. Darum wische ich heut einem Zivilisten eins aus.

MÜNSTERER Ja, du wischst ihm eins aus.

ROSSKOPF Wenn ich selber dran glauben muß, warum soll der Zivilist nicht dran glauben? Logisch. *Er betrachtet überrascht die Tonne.* Wo ist das Ding wieder her?

MÜNSTERER Das hast du geklaut.

ROSSKOPF *beleidigt:* Re-quiriert.

MÜNSTERER Du hast sie mitgehen lassen.

ROSSKOPF Du behandelst mich wie einen Dieb. Horneule, du bist zu streng.

MÜNSTERER Ich bin nicht streng.

ROSSKOPF Horneule, roll nicht immer dahin. Da geht es in die Kaserne.

MÜNSTERER Du weißt schon lang nicht mehr, wo es in die Kaserne geht.

ROSSKOPF Die Kaserne hängt mir zum Hals heraus. Ich verlange meine per – sönliche Freiheit.

MÜNSTERER Du verlangst deine persönliche Freiheit.

ROSSKOPF Ich will meinen Spaß haben, verdammt, jetzt werde ich wild. Horneule, machst du mit bei einem Spaß?

MÜNSTERER Dann will ich aber auch lachen.

ROSSKOPF Du wirst lachen. Du wirst vielleicht nicht gleich lachen, später im Bett wirst du lachen.

MÜNSTERER Ich weiß nicht. Wie willst du es machen?

ROSSKOPF Ich werde einen Zivilisten fressen. Ich werde ihn nicht echt fressen, meine Tonne soll ihn fressen. Und dann mache ich mit ihm, was ich will.

MÜNSTERER Nämlich?

ROSSKOPF Wir fangen uns den dahinten. Ich werde es dir zeigen.

MÜNSTERER Unblutig, Max.

ROSSKOPF Unblutig, Horneule.

MÜNSTERER Dann lasse ich dir deinen Lauf.

Fabian nähert sich.

ROSSKOPF Da geht er und weiß von nichts.

MÜNSTERER Er ist noch nicht trocken hinter den Ohren.

ROSSKOPF Egal.

Sie passen ihn ab und umstellen ihn.

Was glaubst du, was wir da haben?

FABIAN Eine Tonne.

ROSSKOPF Das ist keine gewöhnliche Tonne. Was glaubst du, wer in der Tonne drin ist? – Ein nacktes Weib.

FABIAN Das hättet ihr wohl gern.

ROSSKOPF Es ist eine gewisse Berta, wenn du sie kennst.

FABIAN Das könnte euch so passen.

ROSSKOPF Du brauchst es nicht glauben.

Die Tonne steht senkrecht, Fabian guckt hinein, im selben Augenblick nehmen sie ihn an den Füßen und kippen ihn kopfüber in die Tonne. Sie schlagen den Deckel zu.

Bist du schön weich gefallen auf dein nacktes Weib? Liegst du schon auf ihr drauf? Du konntest es wohl nicht lassen?

FABIAN Aufmachen! Sofort aufmachen!

ROSSKOPF Hilft nichts. Jetzt bist du schon drin.

FABIAN Ich schreie. Hilfe! Überfall!

MÜNSTERER Das wirst du nicht tun. Dir geht es schlecht, wenn

116

du schreist.

ROSSKOPF Schön brav sein, Zivilist.

Fabian ist verstummt.

MÜNSTERER Wer schon drin ist, der ist verratzt. Das mußt du dir merken.

ROSSKOPF Du mußt stillhalten, Zivilist. Du bist stumm, oder wir machen dich stumm. Jetzt hast du die Wahl.

FABIAN Bitte, laßt mich heraus.

MÜNSTERER Es ist nur Spaß, Zivilist.

ROSSKOPF Ja, wenn wir Ernst machen würden. Aber wir machen nicht Ernst.

MÜNSTERER Wir spielen nur. Spielst du mit?

ROSSKOPF Wir werden Krieg spielen.

MÜNSTERER Und das mußt du freiwillig tun. In den Krieg schlittern wir immer freiwillig hinein.

ROSSKOPF Gegen den Krieg läßt sich nichts machen.

MÜNSTERER Wir werden dir zeigen, wer du im Krieg bist. Zivilist, paß auf.

Sie kippen die Tonne um und stoßen sie.

Wenn der Krieg kommt, dann bist du eine Laus.

ROSSKOPF Für mich bist du jetzt schon eine Laus. *Stößt die Tonne zu Münsterer.*

MÜNSTERER Ich bin auch eine Laus, aber das wirst du nie sehn. *Stößt die Tonne zu Roßkopf.*

ROSSKOPF Was machst du in einem Krieg? Du hast Schiß und sonst nichts.

MÜNSTERER Nur keine Aufregung. Das haben wir alle.

ROSSKOPF Hast du Angst?

Fabian schweigt.

Nein? Hast du immer noch keine Angst?

MÜNSTERER Er will es bloß nicht zugeben. Er lügt.

FABIAN Hört auf. Ich habe was falsch gemacht. Laßt mich heraus.

MÜNSTERER Einen, der was falsch gemacht hat, können wir nicht herauslassen.

FABIAN Was verlangt ihr von mir, daß ihr aufmacht?

ROSSKOPF Ich werd verrückt, der Mann zahlt.

MÜNSTERER Aber das geht nicht mit Geld. Das wäre einfach.

ROSSKOPF Warum nicht?

MÜNSTERER Wir wissen es anders. Sag uns, wer unser Holz gestohlen hat, dann lassen wir dich aus.

ROSSKOPF Horneule, du bist ein Genie. Antwort da drinnen!

FABIAN Ich war es nicht.

MÜNSTERER Wir waren es auch nicht. Aber uns hängt man es an, und uns triezt man dafür.

ROSSKOPF Wer war es dann?

FABIAN Ich weiß es nicht.

MÜNSTERER Weißt du es wirklich nicht? Dann machen wir weiter. *Er stößt.*

FABIAN Aufhören.

MÜNSTERER Du willst es nur nicht gewesen sein. Sing, Vogel, sing.

ROSSKOPF Wir zum Beispiel haben es uns nicht unter den Nagel gerissen, verdammt.

FABIAN Ich weiß nicht, ich weiß nicht, ich weiß nicht. Ihr dürft so was nicht machen.

MÜNSTERER *Kniebeuge:* Vergib uns, Kleiner. Wir wissen nicht, was wir tun.

FABIAN Woher soll ich was wissen, ich war nicht dabei. Genausogut warst es du selber.

MÜNSTERER Da wären wir wieder.

ROSSKOPF Du bringst es nicht aus ihm heraus. Er war nicht dabei.

MÜNSTERER Der Kerl hat unverschämtes Glück, daß wir ihm glauben. *Er macht den Deckel auf.*

FABIAN Warum tut ihr mir weh? Was habe ich euch denn getan?

ROSSKOPF Du bist ein feiner Max, du wirst nicht geschlaucht. Wenn du deine faule Zeit hast, werden wir schon geschlaucht.

FABIAN Von mir doch nicht.

ROSSKOPF Das ist gleich. Ich bin nachtragend.

Jedesmal wenn Fabian herausklettern will, drückt er ihn wie-

der hinunter.

Du bist auch so einer, den es nichts angeht. Aber es geht dich was an. Zum Teufel! An der Eskaladierwand geschunden, mit voller Ausrüstung und Gepäck durchs Gelände gehetzt.

MÜNSTERER – ganze Kilometer durch nasse Äcker und Straßen gekrochen.

ROSSKOPF – und das alles geht dich nichts an. Aber das wär grad für dich was, und das lasse ich jetzt an dir aus. *Er schlägt den Deckel wieder zu.*

FABIAN Das ist feig. Ihr seid feig.

Sie rollen ihn auf eine größere Distanz.

Mörder! Ihr seid Mörder. Mörder!

ROSSKOPF Wenn du das sagst, rolle ich dich an die Donau und werfe dich da hinein.

MÜNSTERER Unblutig, Max! Du hast genug gehabt. Laß ihn gehn. *Er zieht Roßkopf weg. Es regnet. Zu Fabian in der Tonne.* Du bist im Trockenen. Jetzt bist du fein heraus.

Sie gehen weg, Fabian öffnet den Deckel.

12. Bild
Donau

Starker Wind. Fabian allein am Ufer. Rudergeräusche eines Pionierbootes. Man hört die Stimmen vom Boot.

FELDWEBEL Eins zwei. Eins zwei. Eins zwei. Ruder stoppt. Anker abrollen lassen.

JÄGER *wiederholt:* Anker abrollen lassen.

Man hört das Abrollen der Ankerwinde und dann einen Schrei.

Fabian erschrickt.

JÄGER Mann über Bord.

Das Seil hat noch weiter abgerollt und steht dann still.

KORL Sitzenbleiben! Das ist zu gefährlich.

MÜNSTERER Der Feld hängt mit dem Fuß in der Schlinge.

Von allein kommt er nicht frei.

KORL Er ist so gut wie tot.

JÄGER Aber man muß doch was tun. Man muß ihn aus der Schlinge schneiden. Da muß einer hinunter.

KORL Hast du soviel Lunge, dann machs. Ich hab nicht soviel Lunge.

MÜNSTERER Das kann keiner. Das Seil ist zu zäh. Der Wellengang ist zu stark.

KORL Sitzenbleiben, verdammt. Das Boot legt sich zu stark auf die Seite.

MÜNSTERER Das Boot ist am Kippen. Das Seil zieht uns hinunter.

KORL Kappt das Seil. So kappt doch endlich. Kappt das Seil.

MÜNSTERER Wir müssen noch alle versaufen.

Das Seil wird gekappt.

FABIAN Die Schufte lassen ihn drunten.

KORL Zum Ufer und nichts wie raus. Eins zwei. Eins zwei.

Sie rudern ans Ufer. Ein paar springen heraus und ziehen das Boot an Land. Alle springen heraus. Sie sind abgekämpft.

FABIAN Was macht einer für ein Gesicht, der so was getan hat?

KORL Wir haben gar nichts getan.

FABIAN Das war zuwenig. Sie sind beobachtet worden.

KORL Na und?

FABIAN So nah am Ufer einen absaufen lassen.

KORL Dafür braucht man keine Entfernung.

JÄGER Wir hätten ja getaucht, aber wir konnten nicht tauchen. Der Wellengang war zu stark.

FABIAN Ihr hättet es gleich machen müssen, solang das Seil noch gespannt war.

KORL Sie waren schön im Trockenen, was?

FABIAN Ihr hättet den Mann nicht einmal suchen müssen. Das Seil hätte euch hingeführt zu dem Mann. Statt dessen kappt ihr das Seil.

KORL Wir hätten, wir hätten! Dann wären wir auch noch versoffen. Das Seil zog uns ja schon hinunter.

FABIAN Man wird euch nicht glauben, daß ihr den Mann nicht umgebracht habt. Der Tote hat einen Zeugen.

KORL Eine Untersuchung gibt das immer. Aber mit keinem Zivil.

FABIAN Der Mann ist mit dem Fuß nach hinten in eine Schlinge getreten, da hat ihn das Seil kopfüber in die Donau gerissen und er war der Gefangene vom Seil.

KORL Das muß er sich selber zuschreiben. Das war Zufall. Wir haben dem Mann keine Schlinge gelegt.

FABIAN Ihr habt nur an euch gedacht, wie es passiert war. Die eigene Haut war euch lieber.

KORL Das ist nicht strafbar. Wir waren selber zu nah daran. Es hätte mehr Menschenleben gekostet. Was wollen Sie überhaupt? Es war ein Zufall. Den nimmt man uns ab.

MÜNSTERER Es ist eben passiert. Passieren kann immer was. Wir können uns das Wasser nicht aussuchen.

KORL Wenn wir über einen Fluß müssen im Krieg, suchen wir uns das Wasser nicht aus.

JÄGER Wenn wir bei jedem Unfall den Kopf verlieren, könnten wir den harten Dienst gar nicht machen.

KORL Es war ein Unfall. Das ist sogar die Wahrheit, und man

wird uns verhören, und das sagen wir aus.

FABIAN Ihr redet mir zuviel.

JÄGER Es war ein Unfall, den nimmt man uns ab.

KORL Zeigen Sie uns doch an, wenn Sie ein Maul dafür haben.
Wir haben es auch.

FABIAN Aber ihr habt nicht das Letzte versucht.

KORL Das Letzte versuchen, entschuldigen Sie schon, für wen?
Wir hätten uns ja für den Mann umbringen können. Wir halten das für übertrieben.

MÜNSTERER Es geht eben hart auf hart.

JÄGER Der Mann ist eben ertrunken.

KORL Bedanken Sie sich bei der Donau.

FABIAN Ein Maul habt ihr wie ein Schwert. Na, was gehts mich eigentlich an? Ich bin nicht die Wehrmacht.

MÜNSTERER Der Mann hats überstanden.

KORL Der Mann bleibt schon nicht drunten.

MÜNSTERER Warten Sie es ab, bis wir einen anderen Wellengang haben.

KORL So einen Anker läßt man nicht hinten. Mit dem Anker, wenn der gehoben wird, kommt der Mann von allein wieder herauf.

13. Bild
Luitpoldpark

Alma, Fabian.

ALMA Ist das wahr, daß die Soldaten Sie überfallen haben?

FABIAN Die haben mich nicht bloß überfallen. Die haben mich am Leben bedroht.

ALMA Das sind doch nette Menschen. Ich kann das von denen nicht glauben.

FABIAN Aber manchmal wird es Ernst.

ALMA Aber Sie leben noch.

FABIAN Das werfen Sie mir noch vor.

ALMA Ich will Ihnen nichts wegtun.

FABIAN Sie tun mir nichts weg. Mir tut keine mehr was weg. Ich war ja verbohrt, daß ich mich an eine hingehängt habe, die mir gar nichts will. Damit ist es aus.

ALMA Das haben Sie doch nicht nötig.

FABIAN Ich renne nicht mehr um mein Leben, wenn ich mir aus einer was mache. Das geht auch so.

ALMA Es geht sogar besser.

FABIAN Warum sich erst lange in ein Unrecht setzen, nur damit der andere recht hat? Warum freiwillig eine Vorgabe machen? Ich bin schon auch noch was wert. Wie du mir, so ich dir.

ALMA Ich halte das nur für gesund.

FABIAN So ist es doch. Einer will dem anderen Herr werden. Wer wird den anderen fressen?

ALMA Das ist oft gar nicht so schön. – War es das erste Mädel, an das Sie sich hingehängt haben?

FABIAN Eine muß die erste sein. – Aber da war nichts. Ich kam an die nicht heran.

ALMA Dann war es nicht viel.

FABIAN Und das wird ihr noch leid tun. Ich könnte mir vorstellen – *schweigt.*

ALMA Was?

FABIAN An Ihnen hätte ich mehr.

ALMA Ich habe mir immer einen gewünscht, bei dem ich die erste war. Ich komme immer nur an die anderen hin, ich weiß nicht warum.

FABIAN Jetzt werden Sie nicht komisch.

ALMA Eine muß die erste sein.

FABIAN Klar.

Sie gehen ins Gebüsch.

14. Bild
Brückenbaustelle

Die Brücke ist fast fertig. Pioniere machen letzte Handgriffe.
Es wird mit Scheinwerfern gearbeitet.

ROSSKOPF Morgen wird die Brücke eingeweiht. Aber da sind wir schon nicht mehr hier.

MÜNSTERER Immer sind wir im Vortrupp.

JÄGER Parole: Ab nach Küstrin.

MÜNSTERER Ich vergesse schon, daß wir hier waren. Ich bin schon gar nicht mehr da.

ROSSKOPF Eine Stadt ist wie die andere. Die Feldwebel sind überall gleich.

MÜNSTERER Das ist wie Ameisen im Hirn. In der Luft liegt Aufbruch.

ROSSKOPF Inzwischen sind unsere Mädchen schon wieder neu.

JÄGER Es kommt immer was nach.

MÜNSTERER Aber es sind immer die gleichen Flüsse. Am frühen Morgen ist die Luft immer rauh.

ROSSKOPF Ein Gemeiner bleibt ein Gemeiner, und ein Offizier bleibt Trumpf, und er sticht.

MÜNSTERER Wir werden keine Herren beim Barras. Wir werden bloß gewitzter.

BERTA *tritt auf:* Ich muß einen sprechen, den Korl Lettner.

ROSSKOPF Korl, ein Mädel will dir was.

KORL Das werden wir gleich haben. Wo ist der Feld?
Sie deuten weit nach hinten.
Macht keine Geschichten, ich trete aus. *Er geht zu Berta hinüber.* Jetzt läufst du mir doch wieder nach.

BERTA Ja. Aber das ist nicht so leicht. Man merkt, wo man nicht auskann.

KORL Muß die Hochzeit gleich sein?

BERTA Wem seine Hochzeit? Ich weiß schon, ich schinde keine heraus.

KORL Die Geschichten kenne ich. Da bist du nicht die erste und wirst auch nicht die letzte sein. Da bist du bei mir falsch.

BERTA Ich glaube nicht mehr daran. – Ich kann doch nicht von dir lassen.

KORL Das mußt du wissen.

BERTA Jetzt hast du mich mit Haut und Haar.

KORL Von mir aus können wir gleich was haben. Ich bin dann nicht so.

BERTA Doch nicht hier. Ich habe mich frei gemacht für die Nacht.

KORL Tut mir leid, ich bin beim Militär. Ich kann nur auf einen Sprung weg. Wenn der Feld kommt, muß er mich eingereiht sehn.

BERTA Mir wird schlecht.

KORL Das will ich alles nicht wissen.

Er schlägt sich mit ihr in ein Gebüsch. Die Pioniere arbeiten weiter, es dauert eine gewisse Zeit. Sie singen: Was nützet mir ein schönes Mä – ädchen, wenn andere drin spazierengehn?

ROSSKOPF *schadenfroh:* Scheinwerfer nach links.

Berta und Korl kommen durch den Busch ins Licht. Die Pioniere johlen und pfeifen.

KORL Nehmt euer kindisches Licht weg, verdammt.

ROSSKOPF Was willst du, es ist bloß der Neid.

MÜNSTERER Ach wo, das machen wir doch jeden Tag.

Sie nehmen das Licht weg.

KORL Denk nicht mehr daran. Diese Männer sind morgen schon fort. Steh auf jetzt. Nimm dich zusammen. Andere müssen es auch.

Berta steht auf.

BERTA War das alles?

KORL Warum? Hat dir was gefehlt?

BERTA Wir haben was ausgelassen, was wichtig ist. Die Liebe haben wir ausgelassen.

KORL Eine Liebe muß keine dabei sein.

BERTA Das ist mir jetzt ganz arg.

KORL Berta, ich muß mich einreihn. Du kannst hier nicht bleiben. Du gehst jetzt am besten weg.

BERTA Ich kann es nicht. So kann es nicht aus sein. Warum sind die Männer morgen schon fort?

KORL Berta, ich habe es dir bis jetzt nicht gesagt, für uns ist Abmarsch. Wir gehn diese Nacht noch zurück nach Küstrin.

BERTA Man muß mir doch Zeit lassen.

KORL Wir sind im Vortrupp. Wir sind immer die ersten.

BERTA Das geht doch nicht. Ich bin damit noch nicht fertig.

KORL Das mußt du abschneiden, Berta. Einfach abschneiden. Andere müssen es auch.

BERTA Aber ich kann so nicht leben.

KORL Du wirst müssen.

Bunny macht den Vogelpfiff. Korl läuft zu den anderen und reiht sich ein.

Fotograf nähert sich mit klappendem Werbegeräusch.

FOTOGRAF Meine Herren, Sie ziehen jetzt fort aus dieser geschichtlichen Stadt. Sie haben uns diese feste Brücke gebaut, damit uns an Sie ein dauerndes Andenken bleibt. Sicher werden auch Sie den Wunsch verspüren, daß Sie ein kleines Souvenir an den Aufenthalt der Pioniere in Ingolstadt mitnehmen. Das Bild beschwert Sie nicht, es findet in jeder Brieftasche Platz und es kostet fast gar nichts, in der Gruppe pro Mann nur drei Mark. Sie können das Bild hervorholen in jedem freien Augenblick –

MÜNSTERER Denkste –

FOTOGRAF Sie können es Ihren diversen Bräuten und Ihren treusorgenden Eltern zeigen.

ROSSKOPF Das nehmen wir auch noch mit, Mann. Das lassen wir uns nicht entgehn.

FOTOGRAF So, stellen Sie sich auf, meine Herren, Sie gruppieren sich zwanglos, die großen Herren nach hinten –

Pioniere stellen sich auf.

Die hinteren stehen, die mittleren knien, die vorderen liegen, damit ich alle ins Bild bringe, damit jeder Charakterkopf draufkommt. Schauen Sie nicht in den Apparat.

Er knipst.

Ich bitte um Angabe der werten Adressen, ich kassiere sofort, ich entwickle noch heut.

MÜNSTERER Hier ist die Sammeladresse der Einheit. Sie brauchen nur noch die Namen, wer zahlt. Zur Kasse, wer sein Gruppenbild haben will.

PIONIER Jäger – *zahlt*

FOTOGRAF Jäger – *schreibt*

PIONIER Pfaller – *zahlt*

FOTOGRAF Pfaller – *schreibt*

PIONIER Angerer – *zahlt*

FOTOGRAF Angerer – *schreibt*

PIONIER Gensberger – *zahlt*

FOTOGRAF Gensberger – *schreibt*

PIONIER Bachschneider – *zahlt*

FOTOGRAF Bachschneider – *schreibt*

PIONIER Roßkopf – *zahlt*

FOTOGRAF Roßkopf – *schreibt*

KORL Lettner – *zahlt*

FOTOGRAF Lettner – *schreibt*

MÜNSTERER Münsterer – *zahlt*

Er ist der letzte.

FOTOGRAF Münsterer – *schreibt*

Ich bedanke mich, Herr Münsterer. Ich habe die Namen, Sie haben die Quittung für alle. *Er gibt ihm den Durchschlag der Sammelquittung.* Ich stehe auch für Einzelfotos gern zur Verfügung. Sechs Bilder in Kabinettform kosten nur zwanzig Mark. Vom Unteroffizier abwärts die Hälfte, und wer ist schon Unteroffizier.

ROSSKOPF Na, Lettner, du wirst dich verewigen lassen mit deiner Verflossenen, soviel Anstand wirst du noch haben. Dann hat sie dich auf dem Papier.

KORL Komm, Berta. *Er stellt sich mit ihr in Positur.* Sie müssen das Bild an die Dame schicken.

BERTA Berta Kobold, hier, Dollstraße siebzehn.

FOTOGRAF Ich kassiere sofort.

Berta will Geld herausholen.

KORL Sie kassieren bei mir. *Er zahlt.*

MÜNSTERER Achtung.

*Der nächste Feldwebel tritt auf. Er ist auch nur eine neue Auf-
lage des ertrunkenen Feldwebels.*

Melde: Brücke fertig zur Übergabe.

FELDWEBEL Ich nehme ab. *Er inspiziert die Brücke.* Antreten
in Marschordnung.

Die Pioniere stellen sich zum Abmarsch auf.

Wir alle wissen, es geht zurück nach Küstrin. Ich erwarte von
meiner Mannschaft ein vorbildliches Verhalten und daß mir
keine Klagen aus der Bevölkerung kommen. Der Soldat muß
wissen, daß er als Staatsbürger in Uniform immer im Blick-
feld der Öffentlichkeit steht. Vor dem Verlassen der Kaserne
prüft der Soldat seine Uniform. Die Taschen sind zuge-
knöpft, die Schuhe blank, die Mütze sitzt gerade und ist ohne
Kniffe.

Es ist ungehörig, in Trupps den Gehsteig zu blockieren und
andere Personen an den Straßenrand zu drängen. Singen und
auffälliges Benehmen unterbleibt. Rauchen auf der Straße ist
unsoldatisch. Betrunkenen, Aufläufen und Schlägereien
geht der Soldat aus dem Weg. Bei der Auswahl von Lokalen
ist er vorsichtig, vor den Eingängen steht er nicht herum.
Ausschweifende Tänze passen nicht zur Uniform. Politische
Versammlungen darf der Soldat in Uniform nicht besuchen.
Das sind Heeresvorschriften, das muß euch durch Mark und
Bein gehn, da gibts keine Lockerung, da gibts kein eigen-
mächtiges Verhalten. Jedes Zuwiderhandeln wird diszipli-
narisch bestraft.

Fertig zum Abmarsch. Links schwenkt, im Gleichschritt –
Marsch!

Die Pioniere marschieren über die Bühne.

Wir singen: zicke zacke, zicke zacke, hoi, hoi, hoi!

Die Pioniere singen.

Anmerkungen

Fegefeuer in Ingolstadt

Urfassung: geschrieben 1924 in München, nicht erhalten. Erhalten ist der Text der Uraufführung (1. Fassung). Uraufführung am 25. April 1926, Junge Bühne Berlin (im Deutschen Theater). (Regie: Paul Bildt/Bertolt Brecht.)

Neufassung (2. Fassung): geschrieben von Dezember 1970 bis Februar 1971 in Ingolstadt. Uraufführung am 30. April 1971, Wuppertaler Schauspielhaus. (Regie: Günter Ballhausen.)

Dokumentation beider Aufführungen in: *Materialien zu Marieluise Fleißer*. edition suhrkamp 594, 1972.

Geschichte des Stücks:

Ursprünglicher Titel: *Die Fußwaschung*. Verarbeitung eines Erlebnisses der zwölfjährigen Marieluise Fleißer, die von einem älteren Jungen bedrängt wurde. Erste Formulierung in der Erzählung *Meine Zwillingsschwester Olga* (spätere Fassung *Die Dreizehnjährigen* in Ges. Werke Bd. 3). Entstanden unter dem Einfluß, aber ohne Wissen Lion Feuchtwangers, der Ml. Fl. auf die (interessantere) Psychologie des häßlichen Menschen hinwies, aber auch unter dem Eindruck der ersten Brechtaufführungen in München. »Das Stück ist aus dem Zusammenprall meiner katholischen Klostererziehung (sechs Jahre Internat im Institut der Englischen Fräulein in Regensburg) und meiner Begegnung mit Feuchtwanger und den Werken Brechts entstanden. Das hat sich nämlich nicht miteinander vertragen. Ich kannte Brecht damals aus den Erzählungen Feuchtwangers, noch nicht persönlich. Ich hatte die *Trommeln* und *Im Dickicht* auf der Bühne gesehen, den *Baal* hatte mir Feuchtwanger zu lesen gegeben, *Das Leben Eduards* ebenso bruchstückweise, wie das Stück gerade erst entstand.« (Ml. Fl.)

Feuchtwanger – »er hielt das Stück für sehr begabt, aber verworren« (Ml. Fl.) – interessierte Brecht für die ›Fußwaschung‹. Brecht (mit dem 1924 direkter Kontakt zustande kam) vermittelte 1926 das Stück an Moriz Seeler, den Leiter der Jungen Bühne in Berlin, der für Matineevorstellungen sonntags morgens Stücke junger Autoren inszenieren ließ. Auf Anregung Seelers Änderung des Titels in *Fegefeuer in Ingolstadt*. Bericht über Brechts Vermittlung und die Uraufführung in *Frühe Begegnung* (Marieluise Fleißer, Ges. Werke Bd. 2) und in *Zwei Pre-*

mieren (*Materialien zu Marieluise Fleißer*. edition suhrkamp 594).
Brecht griff auf den letzten zwei Proben entscheidend ein.

Zur Textüberlieferung: Die 1924 handgeschriebene Urfassung des
Stücks ging an Feuchtwanger, von diesem an Brecht, von Brecht an
Seeler. Sie muß als verloren angesehen werden. Erhalten ist die Text-
fassung der Uraufführung, die nach der Premiere im Arcadia-Verlag
(Theaterverlag des Ullstein-Verlags) als Bühnenmanuskript gedruckt
wurde. Sie enthält also nicht die bei den Proben (vor allem von Brecht)
gestrichenen Stellen, wohl aber die Regieanweisungen von Paul Bildt.
Erstdruck dieser 1. Fassung in *Zeit und Theater: Von der Republik zur
Diktatur.* Hrsg. Günther Rühle, Propyläen-Verlag Berlin 1972. *Fegefeuer in Ingolstadt* wurde nach der einmaligen Vorstellung von 1926 bis
1971 nicht mehr aufgeführt.

Zur 2. Fassung (1970/71): Entstanden auf Anregung des Dramaturgen
Horst Laube und des Regisseurs Günter Ballhausen für dessen Inszenierung an den Wuppertaler Bühnen. Diese Inszenierung leitete die
Wiederentdeckung des Stückes ein; alle folgenden Inszenierungen (Ingolstadt, Zürich, Frankfurt) gingen aus von dieser Fassung.

Die Neufassung (Wuppertaler Fassung) ist zuerst gedruckt im Pro-
grammheft der Wuppertaler Bühnen zur Uraufführung (April 1971).
Von diesem vollständigen Text hektographierte Textausgabe zum
Bühnengebrauch im Suhrkamp Theaterverlag. Dieser Text Vorlage des
Abdrucks in diesem Band.

Für die Aufführung in Ingolstadt (30. Oktober 1971) wurde der Text
von Regisseur und Schauspielern reduziert (vor allem in der Ministranten-Szene). Diese ›Ingolstädter Fassung‹ wurde abgedruckt in Theater
heute, Januar 1972, und in *Spectaculum* Nr. 16, Suhrkamp Verlag
1972. Auch diese Fassung als Bühnenmanuskript im Suhrkamp Theaterverlag.

Marieluise Fleißer über die Neufassung von *Fegefeuer in Ingolstadt:*
»*Fegefeuer in Ingolstadt* ist ein Stück über das Rudelgesetz und über
die Ausgestoßenen.

Nachdem ich von den Wuppertaler Bühnen den Brief bekommen hatte,
daß sie großen Wert darauf legten, das verschollene Stück aufzuführen,
wenn ich es ein wenig umarbeiten wolle, habe ich zunächst den ersten
bis achten Auftritt des ersten Akts bearbeitet, hier ging es nur um kleine
sprachliche Änderungen. Ich fügte den einzigen neuen Umstand ein,
daß Roelle den Behauptungen einer Frau Schnepf auf die Spur gekom-

men war, um sowohl sein plötzliches Eingreifen als auch die Situation Olgas deutlicher zu machen. Als nächstes schrieb ich eine neue Mutter-Sohn-Szene, in der Roelle seiner Mutter erklärt, daß er sich vorgenommen habe, ein Heiliger zu werden. Ich hielt sie für gut. Danach ging es einfach nicht weiter. Mein Sprachgefühl sträubte sich gegen die gestelzten Sätze der Frühfassung, ich wollte sie herausstreichen, wußte aber nicht, was an ihre Stelle setzen, ich bekam es dann nicht in den Griff, ich war verzweifelt.

Hier nun setzte die Einflußnahme von Horst Laube und Ballhausen ein. Sie hatten sich schon in den alten Text verbissen und überzeugten mich, daß man die gestelzten Sätze erhalten mußte, weil sie ein wesentliches Merkmal dieses Jugendwerks seien. Erst nachdem ich mich mit dieser Notwendigkeit vertraut gemacht hatte, konnte ich die Bearbeitung überhaupt weiterführen. Ich hatte geglaubt, ich müsse etwas völlig Neues daraus machen, und das konnte ich eben nicht. Die beiden fuhren nach Ingolstadt und gingen Satz für Satz den Text mit mir durch, an den ich mich eng anlehnen sollte, den ich manchmal deutlicher machen mußte. Sie kämpften um das, was ich manchmal streichen wollte, sie aber nicht, weil sie schon ihren Schauspieler vor Augen hatten, z. B. die Protasius-Sätze vom Hut oder andere umständliche Protasius-Sätze. Wie ich es ausführen würde, das überließen sie mir, ich sollte es ihnen bloß zeigen.

Das Hauptverdienst der Wuppertaler liegt darin, daß sie meine Scheu überwanden, so daß ich einen Zugang fand zu dem lang zurückliegenden Stück, dessen Schlampigkeit, dessen Druckfehler und dessen Regie-Bemerkungen mich entsetzten, wobei es mich aber durch seine Sprünge, seine Widersprüchlichkeit und die dadurch entstandene Lebendigkeit faszinierte.

Von sich aus regten sie an, daß ich dem Protasius und dem Gervasius mehr Text und ihnen einen charakteristischen Zug geben sollte, beim Protasius schlugen sie die Erinnerung an Büchner vor, beim Gervasius die Knabenliebe. Ich sollte zusehen, wie ich die Ministranten-Szene, die vorgebliche Engelserscheinung und die Steinigung mit neuen Einzelheiten füllte.

Ich zeigte ihnen die neugeschriebene Mutter-Sohn-Szene, die sie für stark hielten. Sie hatten später den Einfall, daß ich sie an die schon vorhandene Mutter-Sohn-Szene der gewaltsamen Fütterung anhängen sollte. Der Einfall hat mich sehr überzeugt.

Es ging jetzt vorwärts. Ich machte den 9. Auftritt – das jetzige 2. Bild –

präziser, erweiterte ihn und spitzte ihn zur Befragung über die Frau Schnepf durch Peps zu. Ich machte deutlicher, daß Hermine den Roelle bei der Schule anzeigt, was zu seiner Entlassung führt. Sein Ausgestoßensein sollte dadurch verstärkt werden. Ich strich den 10. Auftritt, schrieb die Protasius-Szene um, strich den 12. und 13. Auftritt.

2. Akt. Die Ministranten-Szene hinter der Dult machte mir viel Arbeit, bis sie gefüllt war. (Sie ist dann bei der Wuppertaler Aufführung sehr gut herausgekommen.) Ich fügte der Olga-Roelle-Szene neue Sätze hinzu und machte sie menschlicher. Ich schrieb die Gervasius-Szene um, 4. Auftritt. Den Karl Valentin-artigen Text der Protasius-Gervasius-Szene habe ich beibehalten. Ich gab den Ministranten nach der Clementinen-Szene weiteren Text, ließ auch die Schüler kurz zu Wort kommen, nicht bloß die Schülerinnen.

Die mißglückte Engelserscheinung machte ich spielbar durch eine marktreißerische Ansprache des 2. Ministranten an das Publikum. Auch dem Publikum gab ich einen neuen vielstimmigen und sich zuspitzenden Text, so daß die Steinigung überzeugend abrollen konnte. Ob man bei dieser Szene das Publikum nur akustisch hörbar wie in Wuppertal oder auf der Bühne stehend wie in Ingolstadt einführt, ob man reale Steine verwendet wie in Wuppertal oder sie nur durch die Gegenbewegung des sich abduckenden Roelle bei den Schmeißgebärden seiner Angreifer sichtbar macht, Roelle muß jetzt bei der Steinigung auf der Bühne sichtbar dastehn, bis er fällt.

Als ich über den Berg des 2. Aktes, des jetzigen 4. Bildes, weggekommen war, wußte ich, daß ich das Stück zu Ende führen würde.

Im 3. Akt habe ich lediglich den Dialog verdichtet und durch kleinere Striche vorwärtsgetrieben. Roelle fühlt sich plötzlich als ein ungerecht behandelter Star und fordert dadurch wiederum die Reaktion der anderen heraus, das kommt jetzt klarer. Clementine wendet sich nicht mehr an Protasius, sondern an Roelle. Vom 4. Auftritt habe ich viel Sätze gestrichen, sie hatten keine präzise Diktion. Protasius und Gervasius kommen in der neuen Fassung zu zweit und sind unheimlicher. Gervasius bricht einen Streit mit Protasius vom Zaun. Es zeigt sich, daß Gervasius nur mehr ein menschliches Wrack ist, er ist ausgesogen. Gervasius spiegelt das, was aus Roelle werden würde, wenn er sich nicht von den Vampiren Protasius und seinem Doktor fernhält.

Der Höhepunkt, wo die Mädchen den wasserscheuen Roelle ins Wasserschaff stoßen, verlangte deutlicher, daß sie ihn entblößen, nämlich entwürdigen. Nur dadurch erklärt sich der nachfolgende Katzenjammer. In Wuppertal wurde dem Roelle, nachdem er bis aufs Hemd ausgezogen war, für Augenblicke der Unterleib entblößt. Nicht jedes Publikum schluckt das. Roelle muß mindestens von ›Hyänen‹ bis aufs Hemd ausgezogen werden und unter Angezogenen lächerlich dastehn. In diesem 3. Akt, an dem nicht viel verändert wurde, kam es mir lediglich auf die dichtere Zuspitzung und Ausmerzung von einigen ungeschickten Stellen an. Durch kleinere Striche habe ich die Handlung mehr vorwärtsgetrieben. Den 6. und 7. Auftritt habe ich weggelassen.

Der 4. Akt ist in der neuen Fassung das letzte Bild und spielt statt auf einem Exerzierplatz in den Donau-Auen, der sogenannten Schütt. Ich habe dies Bild jetzt mit einer Protasius-Gervasius-Szene eingeleitet, welche uns aufklären, was seit der Flucht Olgas vor ein paar Tagen passiert ist. Daß Olga ins Wasser ging, daß der Roelle sie herausgezogen hat, daß Protasius eine Nebenbeschäftigung gefunden hat und den Schnüffler machen will für die Zeitung. Protasius wird hier also nicht mehr wie im 2. Auftritt den Schülern gegenübergestellt. (Protasius ist kein Geschöpf aus dem gewöhnlichen Alltag, er erscheint nur den Bestimmten!) Der 1. Auftritt, die Schüler-Szene mit Crusius, Roelle und anderen kommt erst danach. Sie wurde im Dialog erweitert. Es wird deutlicher, daß Roelle nicht mehr mit sich allein sein kann und darum kämpft, daß er ins Rudel aufgenommen wird. Ein frommer Wunsch! Im 3. und 4. Auftritt fallen die Protasius-Sätze weg. Das Kesseltreiben der Schüler und die Ausstoßung Olgas wird im Dialog verdichtet, sie kommt klarer heraus. Im 5. Auftritt wird die Messer-Szene deutlicher gemacht. Roelle gibt Olga das Messer selber, damit sie ihn tötet. Aber sie enttäuscht ihn auch darin, wirft nach einigem Zögern das Messer weg. Neue Zuspitzung: Das hat zur Folge, daß umgekehrt er nun ihr das Messer ansetzt und sie mit Tötung bedroht. Der junge Mann, der ein Heiliger werden wollte, hält sich jetzt für vom Teufel besessen, die Engel haben ihn verlassen. Das Ansetzen des Messers, die ernstgemeinte Morddrohung muß voll ausgespielt werden. Die Tötung ist nämlich der einzige Liebesakt, den es für Roelle und Olga gibt. Aber Roelles Mutter kommt ihm auch hier dazwischen.

Im 6. und 7. Auftritt habe ich nichts wesentlich neu eingeführt, nur ein paarmal durch andere Formulierungen den Dialog verbessert, durch einige Streichungen ihn zugespitzt. Im 9. Auftritt habe ich ziemlich viel geändert, ein langes Stück von seinem Anfang gestrichen, einen guten neuen Dialog eingebracht. Roelle löst sich hier deutlich aus seiner Mutterbindung, der in ihm versteckt lauernde Wahnsinn bricht aus, er zählt sich zu den Verdammten. Im Wahnsinn klammert er sich an die ihm eingeprägten religiösen Heilmittel, er spielt sich, hingestreckt auf dem Boden, seine Beichte vor, eine Art von Jüngstem Gericht. Die Beichte endet mit einem wahnsinnigen Schluß, er frißt seinen Sündenzettel auf. Dies Auffressen ist ein Einfall von Horst Laube. (In Ingolstadt wurde das so gemacht: er behandelt ihn als Hostie und legt ihn sich auf die herausgestreckte Zunge.) Bei der Berliner Premiere stieg Roelle auf einen Stuhl und hängte sich auf. (Nach meiner Geschichte *Die Dreizehnjährigen.*)«

Pioniere in Ingolstadt

Drei Fassungen: geschrieben 1928, 1929 und 1968. Uraufführung der ersten Fassung am 25. März 1928, in der Komödie Dresden (Regie: Renato Mordo). Uraufführung der zweiten Fassung am 30. März 1929, im Theater am Schiffbauerdamm, Berlin (Regie: Jacob Geis/Bertolt Brecht). Uraufführung der dritten Fassung am 1. März 1970, im Residenztheater München (Regie: Niels-Peter Rudolph). Dokumentation dieser Aufführungen in *Materialien zu Marieluise Fleißer*. edition suhrkamp 594. Die beiden in Marieluise Fleißer, Ges. Werke, gedruckten Texte sind die dritte und die zweite Fassung.

Entstehung des Stücks:

Marieluise Fleißer: »In Ingolstadt gab's nach dem Krieg keine Soldaten, wir hatten die Weimarer Republik. 1926 kamen die Pioniere aus Küstrin zu Flußübungen in unser Gelände; sie bauten eine Brücke über den Künettegraben. Das war wie eine Invasion. Ich erzählte Brecht davon auf einem Spaziergang am Augsburger Stadtgraben. Ich sehe heute noch die Schwäne daneben herschwimmen. Brecht wollte sofort, daß ich eine solche militärische Invasion in einer kleinen Stadt mit ihren Auswirkungen auf die Bevölkerung beobachte und aus eigener Anschauung ein Stück darüber mache. Soldaten waren für mich unbekannte Wesen, auch wenn Brecht mich am Abend hinschickte, um ihnen zuzusehen, zuzuhören, mich gelegentlich begleiten zu lassen. Ich schnappte dabei ja nur einige Sprüche auf.

Anregung von Brecht: das Stück muß keine richtige Handlung haben, es muß zusammengebastelt sein, wie gewisse Autos, die man in Paris herumfahren sieht, Autos im Eigenbau aus Teilen, die sich der Bastler zufällig zusammenholen konnte, aber es fahrt halt, es fahrt! (Genau diese Forderung.) Es muß ein Vater und ein Sohn hinein, es muß ein Dienstmädchen hinein, es muß ein Auto hinein, das von einem Durchreisenden dem Sohn angedreht wird, weil es nicht mehr fährt. Die Soldaten müssen mit den Mädchen spazierengehn, ein Feldwebel muß sie schikanieren. Der Sohn sprengt am Ende die Brücke in die Luft, weil ihn der Pionier bei dem Dienstmädchen ausgestochen hat. – Ich verstand von einem Auto genausowenig wie von Soldaten und hatte Mühe mit dem Stück. Ich war jung, ich habe nicht so politisch gedacht wie Brecht, ich habe ein Stück über Soldaten und Mädchen geschrieben. Der Text ließ mir zu wünschen übrig, er blieb unfertig, einfach, weil ich zu wenig über Soldaten wußte. – Die Gestalt des Pioniers Korl trägt Züge vom frühen Brecht. (»Einen Fetzen muß man aus euch machen.«) Mit Berta und Alma habe ich die für mich faßbare Spannweite von jungen Mädchen dargestellt. Hier ist nichts – jedenfalls nicht bewußt – biographisch.

Mit dem Stück noch in Ingolstadt 1926 begonnen, die ersten Spazier-Szenen und die erste Korl-Berta-Szene, den größeren Teil im 2. Halbjahr 1927 in München geschrieben in einem möblierten Zimmer an der Kanalstraße (im Hinterhaus wohnte Karl Valentin). Dazwischen Unterbrechung durch einen Berlin-Aufenthalt von Spätherbst 1926 bis in den Sommer 1927. In Berlin habe ich nicht ernstlich geschrieben, mich vielmehr mit der Stadt und mit Brecht und mit Plänen und Notizen zu einem Roman herumgeschlagen, den Ullstein von mir wollte (über Therese von Konnersreuth, dann über einen amerikanischen Studenten, der damals einen Mord an einem Schüler beging, ohne eigentlich zu wissen, wie er dazu kam. Ich kam über Grübeln und Notizen nicht hinaus). Das Stück war Anfang 1928 beendet.«

Beschreibung der ersten Fassung (1928):
Personen: Korl, Schiefing, Schwacher Max, Blasse Fresse, Langes Laster (Pioniere). Fabian Benke. Der alte Benke. Berta, Dienstmädchen bei Benke. Alma. Frieda. Bibrich, Werkstudent. Der Fremde. Photograph. Feldwebel. Hauptmann. Pioniere. Volk. Nachbarn.
1. Bild: Stadttor, Einmarsch der Pioniere mit der rauchenden Feldesse, Musik, Gespräch Berta-Alma (Berta: einen Herrn möcht ich schon kennen); dann der alte Benke zu seinem schüchternen Sohn Fabian (Benke: Die Berta ist reif… Das Dienstmädchen hat man im Haus, der kann man was mucken.)
2. Bild: Glacis. Abend. Der Schwache Max. Die blasse Fresse. Alma,

dann Langes Laster (mit Fahrrad): Anbandeln beider. Dann Korl-Berta: Bankszene (Berta: Jetzt habe ich eine Lehne und weiß nicht, wie sie heißt.)

3. Bild: Bierzelt, Volksfest in der Dult. Bibrich. Berta. Fabian. Feldwebel, später Korl. Spannung Feldwebel-Korl, weil Berta zu Korl geht (Feldwebel: Sie melden sich morgen wegen einer unvorschriftsmäßigen Mütze!) Etwas später, derselbe Platz: Berta, Korl (Korl: Tu dich nicht in mich verlieben, Kind).

4. Bild: Hof bei Benke. Fabian lehrt Berta tanzen, ein Auto kommt, bleibt plötzlich stehen, der Fremde steigt aus (Fremder: Was ist das hier für ein Kaff? Fabian: Ingolstadt heißt man bei uns die Schanz.), bietet den Wagen zum Verkauf, Fabian macht eine Probefahrt aus.

5. Bild: Haushalt Benke. Benke. Berta. Fabian. Benke rügt Berta (Benke: Entweder sie wascht das Auto ab oder sie geht spazieren, wofür hat man die Person?), fragt Fabian, wie weit er mit Berta sei. (Benke: Sie bringe ich noch auf die Knie, Sie Person... Sie sollen fühlen, daß man Sie hier in der Gewalt hat. – Berta: Er imponiert mir halt nicht, nicht ums Sterben.) Der Fremde kommt, Fabian macht Ausflüchte wegen des Autokaufs. Auseinandersetzung Benke-Fabian (Fabian: Ich kann nie ein Geld ausgeben, daß man was von mir merkt. – Vater: Von Dir braucht man noch lang nichts merken. – Fabian: Ich bin doch auch ein Mensch. – Vater: Du kommst immer noch recht! Nicht einmal einem Mädel wird er Herr und will einem Auto Herr werden...).

6. Bild: Kaserne, später ein Damm. (Korl. Schiefing. Schwacher Max. Bleiche Fresse. Langes Laster (Pioniere). Korl schickt Schiefing zur Verabredung mit Berta. Schiefing trifft Berta, die wehrt ihn ab.

7. Bild: Friedhof. Berta trifft Korl, der so tut, als kenne er sie nicht (Korl: Weil ich gemein sein wollte damit.). Bibrich führt Alma auf die Bank, aber sie will ihn plötzlich nicht mehr. Korl mit Frieda (Frieda: Ich bin krank; Gespräch über die Syphilis, die Korl zu haben vorgibt). Schwacher Max und Korl (Schwacher Max: Jetzt möchtest Du die Berta wieder brauchen?). Korl schreibt an Berta.

8. Bild: Hof von Benke. Auto mit bunten Fähnchen geschmückt zur Probefahrt. Fremder. Bibrich. Korl mit zwei Pionieren. Fabian steigt mit Berta ein zur Probefahrt, das reizt Korl; der Wagen fährt nicht, Fabian verzichtet auf den Kauf. Gespräch Korl-Berta (Korl: Wenn man von einem Mann was will, darf man ihm nicht zeigen, was man mit einem machen kann... Heute muß sich ein Mädel was gefallen lassen,

weil es heute bereits keinen Mann nicht gibt.).

9. Bild: Rückwärtige Mauer eines Hofes zwischen Häusern. Korl lernt Motorrad fahren. Korl und Berta (Korl: Lern dich kennen. Einen Fetzen muß man aus dir machen!... So lang, bis du kaputt bist.).

10. Bild: Brückenbau. Feldwebel stürzt durch gelockerte Sprosse ins Wasser, kommt heraus, Vernehmung und Strafexerzieren der Truppe. Fabian und Berta (Fabian: Du bist gerächt.). Fabians Anschlag galt Korl. Fabian bedrängt Berta (Berta: Tu mir nichts, Fabian.). Haßausbruch Fabians auf die Pioniere.

11. Bild: Verlassener Unterstand in der Nähe der Brücke. Feldwebel. Fabian. Fabian versucht den Feldwebel um Dynamit zu erpressen für den Anschlag auf die Brücke. Ohrfeige für Fabian.

12. Bild: Bertas Kammer. Korl auf Bertas Bett. (Berta: Wenn ich mir wieder nachgebe, kann ich mich nicht mehr anschaun.) Benke überrascht beide und schimpft.

13. Bild: Brückenbau, Aufräumungsarbeiten. Korl mit Berta hinter einer Werkzeugkiste (Berta: Ich meine halt, wir haben was ausgelassen, was wichtig ist. Die Liebe haben wir ausgelassen. – Korl: Eine Liebe muß keine dabei sein... – Berta: Da ist ja ein Mädel weggeschmissen... – Korl: Warum bist eine Frau worden?)

13. a Bild: Nähe der Brücke. Pioniere fangen Fabian und stecken ihn durch einen Trick in einen Sack; lassen den Sack im Regen stehn.

14. Bild: Fertige Brücke. Bibrich. Fabian. Musik. Publikum. Die Brücke ist geschmückt. Korl und Berta lassen sich fotografieren (Korl: Berta, dies Bild sei dir gewidmet zum Andenken an unsere glückliche Verlobung auf der Pionierbrücke.). Fabian und Alma (Fabian: Ich muß meine Sprengung machen, sonst bin ich nicht gesund... Nur eine reine Jungfrau kann mich retten.) Alma geht mit Fabian auf die Brücke. Fabian verzichtet dann auf die Sprengung. (Fabian: Die lassen wir stehn als Hintergrund.) Die Furcht vor dem Sprenganschlag zerfällt, dann gleich Trompetensignal zum Sammeln der Pioniere für den Abmarsch aus Ingolstadt. – Die erste Fassung von ›Pioniere in Ingolstadt‹ ist ungedruckt. Einzig erhaltenes Typoskript (60 Seiten) im Besitz der Autorin.

Zweite Fassung (1929):

Die Gruppe Brecht, Jhering, Heinrich Fischer (Dramaturg) vermittelte jenen Text an Ernst Josef Aufricht, der seit Mitte 1929 das Theater am Schiffbauerdamm gepachtet und mit der Uraufführung der *Dreigroschenoper* eröffnet hatte. Regie führte nominell Jakob Geis, der in Darmstadt (1926) die Uraufführung von *Mann ist Mann* inszeniert hatte. Für die Berliner Aufführung wird der breit angelegte, aber sehr leicht und locker behandelte Text gestrafft, die Szenen mit dem Fremden und dem Autohandel ganz ausgelassen. Das Motiv des Autokaufs wird nur noch verbal behandelt in dem Sinn, daß der Vater Benke dem Sohn ein Auto anbietet, wenn er »eine Frau schafft«.

Marieluise Fleißer: »Die Dresdener Uraufführung 1928 wirkte langweilig. Brecht wollte in seiner Berliner Inszenierung Pfeffer hinein, also schrieb ich in einer Nacht für die nächste Probe ein Gespräch von drei Gymnasiasten, die über die Anatomie des weiblichen Körpers ihre Witze machen«. (Anm. d. Hrsg: Diese Szene nur noch als Stumpf erhalten.) »Diese Gymnasiasten hingen nur außen dran. Dann war noch eine Szene, Bank am Friedhof, in der sich Frieda Korl gegenüber als geschlechtskrank zu erkennen gibt. Zwischen Soldaten und gelegentlicher Übertragung von Geschlechtskrankheiten schien mir ein logischer Zusammenhang zu bestehen. Diese Szene wurde in der Berliner Aufführung mitten auf den Friedhof zwischen Grabsteine verlegt, was den Unwillen des Publikums hervorrief, sie wurde ebenfalls verboten.«

Der ganze Text der ersten Berliner Aufführung, die einen weit über Berlin hinausreichenden Skandal machte (s. *Materialien zu Marieluise Fleißer,* edition suhrkamp 594) ist nicht erhalten. Durch das Eingreifen der Polizei wurde eine Textveränderung notwendig. Erhalten ist der dann freigegebene Text, der 42mal gespielt wurde, als Theatermanuskript des Arcadia-Theaterverlags (Ullstein).

Wesentliche Änderungen gegenüber der ersten Fassung:

Im 2. Bild (Berta. Alma auf einer Bank) ist vor den Auftritt der Pioniere, um die wenig geglückten Songs der ersten Fassung zu ersetzen, das Lied der Dienstmädchen (›Heinrich schlief bei seiner Neuvermählten‹) gesetzt. Die Szene wurde von Brecht später in sein Stück *Schweyk im Zweiten Weltkrieg* (›Auf einer Bank in den Moldauanlagen‹) übernommen. Es fehlt das 4. Bild aus der ersten Fassung (Auftritt des Fremden mit dem defekten Auto) und die Weiterführungen dieser Szene (Fremder, Autokauf), die Begegnung Frieda und Korl, Alma und Bibrich auf der Bank. – In das jetzige 5. Bild waren in der ersten Fassung eingefügt: Verkaufsgespräch über das Auto: Fremder-Fabian, die Friedhofsszene (I, 7) und die Szene, in der Korl und Schwacher Max über Berta höhnen. Neu in der 2. Fassung dafür: Anschwärzung Korls durch den zu Berta geschickten Pionier, und – nach dem Zwischenvorhang – das Gespräch Benke-Fabian über das Auto. – In der 2. Fassung fehlt das 9. Bild aus der ersten (Motorradfahren). Der Extrakt dieser

Szene (»Einen Fetzen muß man aus dir machen«) ist in der zweiten in das Bild 5 – nach dem Zwischenvorhang – eingebracht. – Neu ist in der zweiten Fassung der erste Teil des 6. Bildes (Parade am Sonntag); im zweiten Teil fehlt die Szene aus der ersten Fassung (Bertas Kammer); neu ist das Gespräch Alma-Benke vor dem letzten Zwischenvorhang. Die Szene nach dem Zwischenvorhang (Pioniere kommen zurück) hat einen Teil aus der Szene ›Bertas Kammer‹ (1. Fassung, Bild 12) aufgenommen und fügt diesen zusammen mit dem 13. Bild der ersten Fassung (Brückenbau). Vor der letzten Szene der zweiten Fassung stand in der ersten Fassung die Sack-Szene (1. Fassung, 13 a); sie ist in der zweiten Fassung weggelassen. – Es fehlt in der zweiten Fassung auch das Lied ›In Ingolstadt is zünfte‹ und Almas Hinwendung zu Fabian, die Fabian in der ersten Fassung veranlaßt, vom Attentat abzustehn. In der zweiten Fassung gibt es nur noch einen Rest davon. – Neu ist in der zweiten Fassung der ganze Schlußtext des Feldwebels. – Die erste Fassung endete mit Fabians, das Trompetensignal aus der Kaserne imitierenden Sätzen: »Zu Bett, zu Bett wer eine hat, wer keine hat, muß auch zu Bett, zu Bett – zu Bett – zu Bett.« – Der neue Schluß der zweiten Fassung zeigte die Verschärfung, die Brechts Inszenierung beabsichtigte.

Die Neufassung der *Pioniere* von 1968 läßt nur wenig Rückschlüsse auf den Text von 1929 zu, der den Skandal verursachte. Dieser Text wird hier zum erstenmal gedruckt; der Wortlaut entspricht dem gespielten Text, der nach dem Eingreifen der Polizei freigegeben wurde. Er steht sprachlich und räumlich dem *Fegefeuer* näher als die Fassung von 1968. – Auf diese Fassung von 1929 stützte sich auch Rainer Werner Fassbinder für seine Bearbeitungen der *Pioniere in Ingolstadt*. (Zu Fassbinders Bearbeitung s. auch *Materialien zu Marieluise Fleißer,* edition suhrkamp 594.)

Die Inszenierung von Geis/Brecht im Theater am Schiffbauerdamm verlegte das Stück in die Zeit vor dem ersten Weltkrieg.

Marieluise Fleißer zur Berliner Aufführung: »*Die Pioniere* in die Zeit vor dem ersten Weltkrieg zu verlegen, war ein Einfall von Brecht und Unsinn. Die Zeit ist 1926. Die Soldatengesang-Szene (›Stolz weht die Flagge Schwarz-Weiß-Rot‹) war eine Regiezutat von Brecht. Auch die sogenannten Akte im Schweinekoben waren Brechts Regiezutat. Brecht verlegte die Entjungferung Bertas, die hinter der Bühne geschehen sollte, in eine mit einem Fetzen verhängte Kiste, die man rhythmisch wackeln ließ (wohl eine Filmidee, angeregt durch Chaplin). Diese

Einzelheit sowie die vorerwähnte Szene der Gymnasiasten und der Dialog Korl-Frieda (über die Geschlechtskrankheiten) wurden unter der Drohung eines polizeilichen Verbots der Aufführung durch den Polizeivizepräsidenten Weiß (›Ich war selber in Ingolstadt beim Militär und habe von den Zuständen dort nichts bemerkt‹) wieder gestrichen.« Zu dieser Aufführung s. auch: Marieluise Fleißer *Avantgarde* in Ges. Werke Bd. 3 und *Zwei Premieren* in *Materialien zu Marieluise Fleißer,* edition suhrkamp 594.

Dritte Fassung (1968):

Marieluise Fleißer: »Um die Berliner Aufführung war so viel Schreiberei, daß mein Name für immer mit dem Stück verknüpft wurde, ich war auf die *Pioniere in Ingolstadt* abgestempelt. Aus diesem Grunde wollte ich das Stück noch einmal schreiben, und zwar so, wie es eigentlich hätte sein müssen.

Ich habe vom Stück alles behalten, was jung war, was dem Brecht gefallen hat und was mir gefallen hat (Brecht hatte übrigens das Stück sehr gern, er hat es nie vergessen. Dem Brecht waren die *Pioniere* lieber – obwohl er auch die Uraufführung von ›Fegefeuer‹ veranlaßt hat). Einen Teil der Handlung habe ich hinausgeschmissen und dafür zwei Ereignisse hineingenommen, die damals wirklich vorgefallen sind bei den Pionieren aus Küstrin, die ich damals nur noch nicht wußte: Den Holzdiebstahl an der entstehenden Pionierbrücke durch vier junge Leute des Männerturnvereins, welche das Brückenholz für ihren Badesteg stehlen und im Wasser verstecken, und das Absaufenlassen des Feldwebels (in Wirklichkeit kein Feldwebel, sondern ein Gemeiner). Erst 1943, als ich am Heereszeugamt Ingolstadt im Kriegseinsatz stand, habe ich mehr über die Psyche des sich eingeengt fühlenden Soldaten erfahren. Nur aufgrund der Kenntnis dieser ›Gefangenen-Mentalität‹ von Kriegssoldaten und nach Kenntnis der Sportdetails (Anm. d. Hrsg.: Josef Haindl, den Marieluise Fleißer 1935 heiratete, war einer der vier Schwimmer vom Turnverein) habe ich mich später an eine Bearbeitung herangewagt. Das Stück behandelt die Probleme der kleinen Soldaten und will kein Stück gegen das Militär sein, sondern gegen Mißstände beim Militär. Der Titel bedeutet nicht, daß das nur in Ingolstadt passieren kann. Ich habe alles vertiefen und anzureichern versucht mit Gesellschaftskritik. Die Zeit mußte ich lassen, das Stück spielt 1926, es ließ sich nicht in die heutige Zeit übertragen; aber Männer beim Barras sind immer Männer unter Zwang.

Ich verstand erst allmählich, was Brecht in den *Pionieren* von mir ge-

wollt hatte und was ich ihm bei meinem ersten Entwurf schuldig geblie-
ben war. Ich versuchte es ihm später noch zu geben, obwohl er damals
schon tot war. Der gesellschaftskritische Einfluß Brechts auf mich
kommt erst in meiner Bearbeitung von 1968 deutlich heraus.«
Die dritte Fassung entstand 1967 und 1968 in Ingolstadt, ausgelöst
durch eine Anregung von Brechts Witwe Helene Weigel; eine Aufführung in dem von der Weigel geleiteten Berliner Ensemble kam jedoch
nicht zustande. Veröffentlicht in Theater heute, Heft 8, 1968 und *Spectaculum* Nr. 13, Suhrkamp Verlag Frankfurt 1970.
Die wichtigsten Veränderungen gegenüber der zweiten Fassung.
Beibehalten sind folgende Personen: Alma, Berta, Fabian, Korl, Feldwebel und Fotograf; Bibrich, früher Werkstudent, ist jetzt junger
Schreiner. Unertl, Vater von Fabian, hieß früher Benke. Die Pioniere
außer Korl haben neue Namen: Münsterer, Roßkopf, Jäger, Bunny
(statt Schiefing, Schwacher Max, Blasse Fresse, Langes Laster: An-
klang an die Namen in Brechts ›Mann ist Mann‹).
Neue Figuren: Zeck, ein Freund Fabians, und Der nächste Feldwebel.
Zu Szene 2 im 1. Bild: Das Gespräch Zeck-Fabian enthält jetzt die
Sätze über Fabian und Berta, die in der ersten und zweiten Fassung der
alte Benke sagte (»Brecht hatte sie vorgeschlagen. Mir aber erschienen
sie für einen Vater ziemlich unglaublich«).
Neu sind: 2. Bild (Haushalt Unertl, zur Verdeutlichung der Arbeitsver-
hältnisse); Bild 3 (Schwimmbad, Männerturnverein); vom 4. Bild
(Bierzelt) große Teile des Dialogs Fabian-Feldwebel, die Schikanie-
rung Korls durch den Feldwebel (Robbenmüssen), das Gespräch
Alma-Feldwebel; 5. Bild (Schwimmbad, Männerturnverein); im 6. Bild
Teile des Dialogs Berta-Unertl; 9. Bild ; 10. Bild (Luitpoldpark)
Alma-Feldwebel, später Alma-Korl; 11. Bild nimmt ein Motiv aus der
ersten Fassung wieder auf: Fabian wird aber statt in einem Sack in einer
Tonne gefangen; 12. Bild: Der in den früheren Fassungen als Neben-
motiv behandelte Sturz des Feldwebels ins Wasser wird zum Mord verstärkt. (Im Bühnenvertriebsexemplar der Neufassung von 1968 wird
noch der alte Unertl als Zeuge des »Unfalls« genannt; entsprechend
auch im Abdruck dieser Fassung in ›Theater heute‹ August 1968.) Nach
den Proben für die Aufführung im Residenztheater München 1970
wurde die ursprüngliche Absicht, Fabian den Beobachter sein zu lassen,
wiederhergestellt. (Diese Version im Abdruck der ›Pioniere in Ingolstadt‹ in ›Spectaculum‹ 13.) 13. Bild (Luitpoldpark, Alma-Fabian) ist
etwas geändert, im 14. Bild ist die Brückenabnahme deutlich herausge-

hoben und die Schlußansprache des Feldwebels (zweite Fassung) ersetzt durch die Ansprache des ›neuen‹ Feldwebels unter Verwendung der Heeresvorschriften.

Anmerkungen zu zwei Szenen: »Die Vater-Sohn-Szenen habe ich genauer durchgeführt, die Ausbeutung der Dienstmädchen durch die Herrschaft, wie sie damals nicht selten vorkam, habe ich schärfer herausgestellt. Zur Tonnen-Szene: Früher war das ein Sack. In dieser Szene sollte das Ressentiment des Zivilisten gegen jeden Krieg, wo auch immer auf der Welt, und seine Hilflosigkeit im Krieg die Tendenz sein. Nach der Erfahrung am Residenztheater hat die Tonne den Text verdeckt, ich habe darum vorgeschlagen, sie ohne Tonne von Mann zu Mann zu spielen, aber die Schauspieler konnten das auf die Länge der Szene nicht realisieren.« (Marieluise Fleißer)

Fegefeuer in Ingolstadt
Uraufführung der zweiten Fassung: Schauspielhaus Wuppertal. 30. 4. 1971
Inszenierung: Günther Ballhausen
Szen. Mitarbeit: Jürgen Bosse
Bühnenbild und Kostüme: Adolf Steiof

1972
Zürich, Theater am Neumarkt
Berlin, Schaubühne am Halleschen Ufer
Frankfurt, Städtische Bühnen

1974
St. Gallen, Stadt- und Kurtheater
Kaiserslautern, Pfalztheater
Tübingen, Landestheater
Wien, Die Komödianten

1975
Darmstadt, Staatstheater

1977
Mannheim, Nationaltheater
München, Kammerspiele

Pioniere in Ingolstadt
Uraufführung der Neufassung 1968: Bayerisches Staatsschauspiel, München, 1. 3. 1970
Regie: Niels-Peter Rudolph
Bühne: Karl Kneidl

1971
Bremen, Theater am Goetheplatz
Stuttgart, Staatstheater

1974
Memmingen, Landestheater Schwaben

1976
Frankfurt, Städtische Bühnen

1977
Salzburg, Landestheater
Wien, Die Komödianten
Bonn, Städtische Bühnen

Zeittafel

1901 Marieluise Fleißer wird am 23. November in Ingolstadt geboren.

1907 Eintritt in die Volksschule. Zwei Jahre später Übertritt in die Töchterschule.

1914 geht sie nach Regensburg in das Mädchengymnasium.

1917 liest sie heimlich die Romane von Strindberg.

1919 im Sommer Abitur. Immatrikulation an der Ludwig-Maximilian-Universität in München; hauptsächlich Theaterwissenschaft bei Arthur Kutscher.

1922 lernt sie Lion Feuchtwanger kennen.
Sie sieht in den Kammerspielen *Trommeln in der Nacht* von Bertolt Brecht.

1923 *Meine Zwillingsschwester Olga* (späterer Titel *Die Dreizehnjährigen*). *Meine Freundin, die lange.* Erzählungen.

1924 Anfang des Jahres beginnt sie, heimlich ein Stück zu schreiben, dem sie später den Titel *Die Fußwaschung* gibt.
März: Brecht läßt sie auffordern, zur Generalprobe vom *Leben Eduards* in die Kammerspiele zu kommen.
Ende 1924: Rückkehr nach Ingolstadt.

1925 *Abenteuer aus dem Englischen Garten.* Erzählung

1926 25. April: Uraufführung von *Fegefeuer in Ingolstadt* (früherer Titel *Die Fußwaschung*) durch Moriz Seeler, Junge Bühne, im Deutschen Theater Berlin.
Sie erhält einen kleinen Rentenvertrag von Ullstein. Im Spätsommer und Herbst besucht sie Brecht öfter in Augsburg. Im Spätherbst geht sie nach Berlin und bleibt bis Sommer 1927.

1927 im 2. Halbjahr wieder nach München. Sie nimmt die noch 1926 begonnenen *Pioniere* wieder auf, fährt zwischendurch mit dem Sportschwimmer und späteren Ehemann Sepp Haindl an den Wörther See, beendet die *Pioniere*.

1928 Rückkehr nach Ingolstadt.
25. März: Uraufführung der *Pioniere* an der Komödie Dresden durch Renato Mordo.
Ein Pfund Orangen. Die Ziege. Erzählungen.

1929 Aufführung der *Pioniere* am Theater am Schiffbauerdamm in Berlin. Ein vorbereiteter Theaterskandal mit politischem Hintergrund.

Der Vater erteilt ihr Hausverbot.

April: Bruch mit Brecht.

Mai/Juni: Schwedenreise und Verlobung mit Draws, Redakteur der Berliner Börsen-Zeitung.

Herbst 1929/Anfang 1930 *Der Tiefseefisch*. Drama.

1930 dreimonatige Reise mit Draws nach Andorra. Rentenvertrag für ein Jahr mit dem Gustav Kiepenheuer Verlag. Sie schreibt die *Mehlreisende Frieda Geier*.

1931 erscheint die *Mehlreisende Frieda Geier*.

1932 Geldsorgen. Sie schreibt noch ein paar weitere Berichte für das Buch *Andorranische Abenteuer,* das im Herbst im Kiepenheuer Verlag erscheint. Nervenkrise und mißglückter Selbstmordversuch.

Im Herbst kehrt sie nach Ingolstadt zurück.

1933 Mai/Juni: wieder in Berlin.

Ende Juni: Rückkehr nach Ingolstadt.

Aus diesem Jahr sind nur die Erzählungen *Frigid* und eine erste Fassung von *Schlagschatten Kleist* erhalten.

Auflösung der Verlobung mit Draws.

1935 Heirat mit dem Tabakwarengroßhändler und früheren Verlobten Sepp Heindl. Sie muß im Geschäft mitarbeiten. Sie erhält Schreibverbot.

1937 erste Fassung von *Karl Stuart*. Drama.

1938 August: Nervenzusammenbruch durch Arbeitsüberlastung.

1943 Kriegseinsatz als Hilfsarbeiterin. Infolge der Überlastung treten wieder nervöse Störungen auf. Es gelingt ihrem Mann, sie vom Kriegseinsatz zu befreien.

1944 beendet sie *Karl Stuart.*

1945 ihr Mann kehrt herzkrank und abgemagert aus dem Krieg zurück.

Der starke Stamm. Drama.

1949 *Er hätte besser alles verschlafen. Das Pferd und die Jungfer. Des Staates gute Bürgerin*. Erzählungen.

1950 Wiedersehen mit Bertolt Brecht bei den Proben von *Mutter Courage* an den Kammerspielen München.

Der starke Stamm wird von Schweikart für die Kammerspiele angenommen. Rundfunk und Fernsehen werden aufmerksam.

1951 Preis vom Kuratorium der Stiftung zur Förderung des Schrifttums.

1952 sie muß ihrem Mann im Geschäft helfen und findet keine Zeit
      zum Schreiben.
      Erster Preis im Erzählwettbewerb des Süddeutschen Rundfunks
      für *Das Pferd und die Jungfer.*
1953 Literaturpreis der Bayerischen Akademie der Schönen Künste.
1956 Begegnung mit Brecht in Ostberlin.
      Sie arbeitet für den Bayerischen Rundfunk, Abteilung Hörfunk,
      im Lektorat, um Geld zu verdienen.
      Ordentliches Mitglied der Bayerischen Akademie der Schönen
      Künste.
1958 stirbt ihr Mann.
      15. Januar: sie erleidet einen Herzinfarkt. Man glaubt nicht, daß
      sie ihn übersteht.
      Sie löst das Geschäft ihres Mannes auf.
1961 23. Dezember: erste Verleihung des neueingerichteten Kunst-
      förderungspreises der Stadt Ingolstadt an Marieluise Fleißer.
1963 *Avantgarde.* Erzählung.
1964 *Der Erzählung.*
1965 *Die im Dunkeln.* Erzählung.
      Förderungspreis des Kulturkreises im Bundesverband der Deut-
      schen Industrie.
1966 Der *starke Stamm* wird an der Schaubühne am Halleschen Ufer
      aufgeführt.
      Zwei Monate in der Villa Massimo. Sizilienreise.
      Der Venusberg. Erzählung.
1967 sie beginnt, wieder an den *Pionieren in Ingolstadt* zu arbeiten, die
      sie 1926 schrieb.
1968 der Suhrkamp Verlag nimmt das Stück *Pioniere in Ingolstadt* an.
1970 1. März: Uraufführung der neuen Fassung *Pioniere in Ingolstadt*
      am Residenztheater München.
1971 30. April: Uraufführung der neuen Fassung *Fegefeuer in Ingol-
      stadt* an den Wuppertaler Bühnen.
      R. W. Fassbinder bearbeitet die *Pioniere in Ingolstadt* für das
      Fernsehen.
1972 die *Gesammelten Werke* erscheinen im Suhrkamp Verlag.
1974 1. Februar: Marieluise Fleißer stirbt in Ingolstadt.

suhrkamp taschenbücher
Eine Auswahl

Theodor W. Adorno. Erziehung zur Mündigkeit. Vorträge und Gespräche mit Hellmut Becker 1959 bis 1969. st 11. 148 Seiten

Isabel Allende
- Aphrodite – Eine Feier der Sinne. Übersetzt von Lieselotte Kolanoske. Illustrationen von Robert Shekter. Rezepte von Panchita Llona. st 3046. 328 Seiten
- Das Geisterhaus. Übersetzt von Anneliese Botond. st 1676. 500 Seiten
- Paula. Übersetzt von Lieselotte Kolanoske. st 2840. 488 Seiten

Ernst Augustin. Gutes Geld. Roman in drei Anleitungen. st 2771. 170 Seiten

Ingeborg Bachmann. Malina. Roman. st 641. 368 Seiten

Djuna Barnes. Nachtgewächs. Roman. Übersetzt von Wolfgang Hildesheimer. Einleitung von T. S. Eliot. st 2195. 192 Seiten

Ulrich Beck/Elisabeth Beck-Gernsheim. Das ganz normale Chaos der Liebe. st 1725. 301 Seiten

Jurek Becker
- Jakob der Lügner. Roman. st 774. 283 Seiten
- Amanda herzlos. Roman. st 2295. 384 Seiten

NF 265/1/9.00

Louis Begley
- Lügen in Zeiten des Krieges. Roman. Übersetzt von Christa Krüger. st 2546. 223 Seiten
- Mistlers Abschied. Roman. Übersetzt von Christa Krüger. st 3113. 284 Seiten
- Schmidt. Roman. Übersetzt von Christa Krüger. st 3000. 320 Seiten

Walter Benjamin. Illuminationen. Ausgewählte Schriften. Herausgegeben von Siegfried Unseld. st 345. 417 Seiten

Thomas Bernhard
- Auslöschung. Ein Zerfall. st 1563. 651 Seiten
- Ein Lesebuch. Herausgegeben von Raimund Fellinger. st 2158. 365 Seiten

Peter Bichsel
- Kindergeschichten. st 2642. 84 Seiten
- Cherubin Hammer und Cherubin Hammer. st 3165. 112 Seiten

Volker Braun
- Hinze-Kunze-Roman. st 3194. 240 Seiten
- Trotzdestonichts oder Der Wendehals. st 3180. 160 Seiten

Bertolt Brecht
- Dreigroschenroman. st 1846. 392 Seiten
- Gedichte über die Liebe. Ausgewählt von Werner Hecht. st 1001. 240 Seiten

Hermann Broch. Kommentierte Werkausgabe. Herausgegeben von Paul Michael Lützeler. Sechs Bände in Kassette
- Band 1: Die Schlafwandler. Eine Romantrilogie. st 2363. 760 Seiten
- Band 2: Die Unbekannte Größe. Roman. st 2364. 258 Seiten

Hans Magnus Enzensberger
- Ach Europa! Wahrnehmungen aus sieben Ländern. Mit einem Epilog aus dem Jahre 2006. st 1690. 501 Seiten
- Der Fliegende Robert. Gedichte, Szenen, Essays. st 1962. 350 Seiten

Marieluise Fleißer. Gesammelte Werke in vier Bänden. Herausgegeben von Günther Rühle. st 2274-2277. 1760 Seiten

Max Frisch
- Homo faber. Ein Bericht. st 354. 203 Seiten
- Mein Name sei Gantenbein. Roman. st 286. 288 Seiten
- Stiller. Roman. st 105. 438 Seiten
- Tagebuch 1946-1949. st 1148. 400 Seiten
- Tagebuch 1966-1971. st 256. 432 Seiten

Norbert Gstrein. Der Kommerzialrat. Bericht. st 2718. 148 Seiten

Peter Handke
- Kindergeschichte. st 1071. 105 Seiten
- Mein Jahr in der Niemandsbucht. Ein Märchen aus den neuen Zeiten. st 3084. 632 Seiten
- Wunschloses Unglück. Erzählung. st 146. 105 Seiten

Hermann Hesse
- Das Glasperlenspiel. Versuch einer Lebensbeschreibung des Magister Ludi Josef Knecht samt Knechts hinterlassenen Schriften. st 2572. 616 Seiten
- Siddhartha. Eine indische Dichtung. st 182. 136 Seiten
- Unterm Rad. Erzählung. st 52. 166 Seiten

Wolfgang Hildesheimer. Marbot. Eine Biographie. Mit zahlreichen Abbildungen. st 1009. 327 Seiten

Ludwig Hohl. Die Notizen oder Von der unvoreiligen Versöhnung. st 1000. 832 Seiten

Ödön von Horváth. Jugend ohne Gott. st 2374. 182 Seiten

Bohumil Hrabal. Ich habe den englischen König bedient. Roman. Übersetzt von Karl-Heinz Jähn. st 1754. 301 Seiten

Peter Huchel. Die Gedichte. st 2665. 489 Seiten

100 Wörter des Jahrhunderts. st 2973. 351 Seiten

Yasushi Inoue. Das Jagdgewehr. Übersetzt von Oskar Benl. st 2909. 98 Seiten

Uwe Johnson. Jahrestage. Aus dem Leben der Gesine Cresspahl. Einbändige Ausgabe. st 3220. 1728 Seiten

Hans Jonas. Das Prinzip Verantwortung. Versuch einer Ethik für die technologische Zivilisation. st 1085. 426 Seiten

James Joyce. Ullysses. Roman. Übersetzt von Hans Wollschläger. st 2551. 988 Seiten

Franz Kafka. Der Prozeß. Roman. st 2837. 282 Seiten

André Kaminski. Nächstes Jahr in Jerusalem. Roman. st 1519. 392 Seiten

Hermann Kasack. Die Stadt hinter dem Strom. Roman. st 2561. 438 Seiten

Bodo Kirchhoff. Infanta. Roman. st 1872. 502 Seiten

Cees Nooteboom
- Allerseelen. Übersetzt von Helga van Beuningen.
  st 3163. 440 Seiten
- Die folgende Geschichte. Übersetzt von Helga van
  Beuningen. st 2500. 148 Seiten
- Rituale. Roman. Übersetzt von Hans Herrfurth.
  st 2446. 231 Seiten

Flann O'Brien. Der dritte Polizist. Roman. Übersetzt von
Harry Rowohlt. st 1810. 260 Seiten

Juan Carlos Onetti. Das kurze Leben. Roman. Übersetzt
von Curt Meyer-Clason. Mit einem Nachwort von Durs
Grünbein. st 3017. 380 Seiten

Amos Oz. Der dritte Zustand. Roman. Übersetzt von Ruth
Achlama. st 2331. 366 Seiten

Ulrich Plenzdorf. Die neuen Leiden des jungen W.
148 Seiten. Englisch Broschur

Marcel Proust. In Swanns Welt. Auf der Suche nach der ver-
lorenen Zeit. Übersetzt von Eva Rechel-Mertens.
st 2671. 564 Seiten

Luise F. Pusch. Die Frau ist nicht der Rede wert. Aufsätze,
Reden und Glossen. st 2921. 199 Seiten

João Ubaldo Ribeiro. Brasilien, Brasilien. Roman. Übersetzt
von Curt Meyer-Clason und Jacob Deutsch. st 1835. 731 Seiten

Ralf Rothmann
- Flieh, mein Freund! Roman. st 3112. 278 Seiten
- Stier. Roman. st 2255. 372 Seiten

NF 265/7/9.00

Robert Schindel. Gebürtig. Roman. st 2273. 359 Seiten

Jorge Semprun. Was für ein schöner Sonntag! Übersetzt von Johannes Piron. st 972. 395 Seiten

Arnold Stadler. Mein Hund, meine Sau, mein Leben. Roman. Mit einem Nachwort von Martin Walser. st 2575. 164 Seiten

Galsan Tschinag. Der blaue Himmel. Roman. st 2720. 178 Seiten

Mario Vargas Llosa. Tante Julia und der Kunstschreiber. Roman. Übersetzt von Heidrun Adler. st 1520. 392 Seiten

Martin Walser
- Ein fliehendes Pferd. Novelle. st 600. 151 Seiten
- Halbzeit. Roman. st 2657. 778 Seiten
- Ein springender Brunnen. Roman. st 3100. 416 Seiten

Robert Walser
- Der Gehülfe. Roman. st 1110. 316 Seiten
- Geschwister Tanner. Roman. st 1109. 381 Seiten
- Jakob von Gunten. Ein Tagebuch. st 1111. 184 Seiten

Ernst Weiß
- Der arme Verschwender. st 3004. 498 Seiten
- Der Augenzeuge. Roman. st 3122. 302 Seiten